교권침해 예방
집단 프로그램 워크북

PRESENT

교권침해 예방 집단 프로그램 워크북_PRESENT

발행일   2018년 11월 16일

지은이   유 현 우
펴낸이   손 형 국
펴낸곳   (주)북랩
편집인   선일영   편집   오경진, 권혁신, 최승헌, 최예은, 김경무
디자인   이현수, 김민하, 한수희, 김윤주, 허지혜   제작   박기성, 황동현, 구성우, 정성배
마케팅   김회란, 박진관, 조하라
출판등록   2004. 12. 1(제2012-000051호)
주소   서울시 금천구 가산디지털 1로 168, 우림라이온스밸리 B동 B113, 114호
홈페이지   www.book.co.kr
전화번호   (02)2026-5777   팩스   (02)2026-5747

ISBN   979-11-6299-413-9 03370 (종이책)   979-11-6299-414-6 05370 (전자책)

이 도서의 국립중앙도서관 출판예정도서목록(CIP)은 서지정보유통지원시스템 홈페이지(http://seoji.nl.go.kr)와
국가자료공동목록시스템(http://www.nl.go.kr/kolisnet)에서 이용하실 수 있습니다.
(CIP제어번호: CIP2018036608)

통합본

교권침해 예방 집단 프로그램 워크북

PRESENT

유현우 지음

북랩 book Lab

왜, 교권침해 「예방」이 중요한가?

학생이 선생님 가슴에 카네이션을 달아드리고 노래를 부르며 존경과 감사의 마음을 전하는 '스승의 날'은 더 이상 보기 힘든 시대가 되었다.

오히려 최근 몇 년 사이 '스승의 날'이 되면 아이러니하게도 '교권추락', '교권침해', '명예퇴직 증가' 등의 소식을 신문이나 방송으로 접하게 되었다.

심지어 스승의 날을 앞두고는 '교권침해' 보험 상품까지 나오고 있는 실정이다.

이처럼 교권침해 문제가 점점 증가하는 이유는 문제 학생 개인의 일탈이나 부모의 잘못도 있겠지만, '사교육 증가', '학생 인권 강화', '교사의 잘못' 등 사회적 분위기 영향도 있을 것이다.

물론 교권의 약화가 위와 같은 사회적 분위기나 교사의 권위를 인정하지 않는 일부 학생, 학부모 때문만으로 생겼다고는 볼 순 없다.

교사 스스로도 권리를 말하기 전 자신의 책임을 다하지 못하고, 사회적 문제를 일으키거나 공무원이라는 안정된 신분으로 현실에 안주하며 자기 계발을 소홀히 하고, 과거의 유산인 권위주의에 젖어 탈권위주의 시대를 살아가는 학생들과 소통·교감하지 못한 잘못도 교권 추락의 원인이 되었다고 볼 수 있다.

그렇다면 이와 같이 점점 증가하는 '교권침해' 문제를 어떻게 해결하고 있을까?

교육부와 각 시·도 교육청은 교권침해 피해 교사를 위한 여러 제도와 장치를 마련하고 있다.

각 시·도별로 조금씩 다르겠지만 주된 내용은 '교권보호 안내문(매뉴얼) 제공', '학교 교권보호위원회 개최', '피해 교직원 심리 상담 및 법률 지원' 등이다.

하지만 이러한 제도나 지원 내용은 주로 교사를 대상으로 한 사후 대응에 관련된 것이고, 또한 교권침해 문제가 발생했을 땐 교권보호위원회를 통해 도움을 받기가 어렵다는 것이 문제다.

교권보호위원회는 교권보호책임자가 사안을 접수하여 조사(증거수집, 관련자 면담 등)하고 교권보호위원회를 개최하는데, 사안을 접수하는 책임자가 대부분 관리자이기 때문이다(혹은 교권보호업무 담당교사).

만약 피해 교사가 교권보호책임자에게 도움을 요청할 경우 예상되는 교권보호책임자의 모습은 다음과 같다.

■ 무책임형

본인이 교권보호위원회의 책임자인지도 모르고, 오히려 피해 교사에게 학생을 제대로 지도하지 못했다고 면박을 주거나 무시하고 피하며 교사 스스로 문제를 해결해 보라는 식으로 말하며 돌려보낸다.

■ 회유형

교권보호책임자 입장에서는 기존의 본인 업무 이외에 갑자기 다른 업무가 생기는 것이며, 사안에 따라 처리과정이 길고 복잡하며 중간에 실수가 있을 경우 학부모 민원이나 책임소재의 문제도 발생할 수 있기 때문에 가능하면 비공시적인 방법(설득, 화해, 용서, 교육 등)으로 해결하려 한다.

■ 공치사형

교권보호책임자가 원칙을 지켜 절차대로 처리하지만 그로 인해 발생하는 초과근무, 피로감, 스트레스를 피해교사 및 교직원에게 드러냄으로써 오히려 피해 교사가 미안함과 부담을 느끼고, 괜히 도움을 요청했다는 후회를 하게 만든다.

위와 같은 관리자(또는 업무 담당자)의 모습이 예상되기 때문에 피해 교사들은 쉽게 신고하여 도움을 받지 못할 것이다(진심으로 교사를 위하는 관리자도 많음).

그리고 피해 교사 스스로도 자신의 문제를 동료 교사들에게 알리고 공개적으로 드러내면 자신을 무능하게 볼 수 있다는 생각에 자존심이 상하고 수치심을 느껴 혼자서 문제를 해결해보려 한다.

또 하나의 지원 프로그램은 심리상담 서비스인데, 심리상담 프로그램은 교권침해로 인해 마음에 상처를 입은 교사들에게 큰 도움이 될 것이다.

하지만 이 역시 주중에 개인 출장으로 참가해야 하는데, 주중에 수업이 있는 교사들의 경우 며칠씩 자리를 비우는 것이 쉬운 일이 아니다.

이처럼 사후 처방식의 대응 방법은 현장의 교사들에게 적절한 도움이 되지 못하고 있다.

왜, 「집단」 프로그램이 필요한가?

청소년들은 친구나 또래들을 통해 도덕적 판단이나 가치들을 형성하는데 필요한 인지적, 사회적 자원을 얻는다. 또한 청소년들은 주로 또래집단을 통해 사회적 기술을 연마하고, 친구들과의 대화 속에서 동료애, 피드백, 현실적인 정보와 정서적 지지를 얻으며 서로 의지한다(청소년심리학, 교육과학사, 2016).

이러한 청소년기 또래집단의 영향은 긍정적이고 건설적인 면도 있지만, '교권침해'나 '학교폭력 - 집단따돌림'이라는 부정적 결과를 낳기도 한다.

교권침해 문제는 일부 몇몇 학생으로부터 시작될 수 있지만, 그 소수의 학생을 중심으로 친밀한 또래집단이 형성되면 반사회적이고 파괴적인 행동을 모방하며 시간이 지날수록 더욱 강화되고 고무된다.

한번 흐트러진 학급(교) 분위기와 무너진 교권은 바로잡기 어렵다. 예방활동에 들어가는 노력과 비교할 때, 사후 대응에는 더 많은 시간과 비용이 발생할 것이다.

따라서 교권침해 문제는 사전에 예방하는 것이 가장 최선이며, 개별 상담이나 교육보다 '집단' 프로그램을 실시하여 타인을 배려하고 존중하는 친사회적 행동 강화와 비폭력 대화(행동)의 모델링 기회를 제공해야 한다.

교재의 특징

1. 교권침해 예방을 위한 학생 대상의 집단 프로그램 개발
2. 전문상담교사가 개발(상담심리학적 접근)
3. 6단계 프로그램으로 변화의 과정을 관찰 가능

   ※ 순서에 관계없이 필요한 내용만 선택적으로 사용 가능
4. 프로그램 지도자를 위한 멘트와 사용 기법의 의미를 구체적으로 기록
5. 교권침해 이론서가 아닌 예방을 위한 활동 중심의 집단 프로그램 워크북
6. 교권침해 학생의 개인 상담 및 교육 자료로 사용 가능

단계	활동명	내용	공통
1	시작	프로그램 소개 지도자 소개 약속 정하기 모둠 정하기 우리 반 소개하기	알아차림 / 존중 / 비폭력 / 신뢰
2	교권침해의 이해	교권침해란? 교권침해 현황과 심각성 알기 우리 반 교권침해	
3	교권침해 대체 왜?	교권 침해 발생하는 이유는? - 교권침해 학생의 특성 - 우리 반은 왜? (토론)	
4	마음의 소리	교권침해 피해자는 누구인가? 선생님의 마음 친구들의 마음 (학습권침해)	
5	평화로운 우리 반 (존중·공감·대화)	상처받은 포돌이 / 왕자와 거지 HERE & NOW 비언어적 의사소통의 잘못된 예 선생님이 잘못한 경우 나 - 전달법	
6	교권침해 OUT (실천하기)	상황극 만들기 교권침해 예방 캠페인송 만들기 공익광고 만들기 교권침해 없는 우리 반 십계명 교권보호 사행시 짓기 교권침해 예방 포스터(표어) 만들기	

교권침해 예방 집단 프로그램

PRESENT

지도자용

STEP 1

시작

- 오리엔테이션 -

1단계는 시작단계이며 본격적인 프로그램에 앞서
지도자와 프로그램 소개, 약속 정하기 등의
오리엔테이션 시간이다.

우선 프로그램의 효과성을 검증하기 위한
사전 설문 조사를 실시한다.
프로그램 참여 전과 후의 변화를
객관적으로 측정할 수 있도록 사전 설문 조사 시에는
검사의 목적과 의도를 언급하지 않도록 주의한다.

'약속 정하기'는 원활한 프로그램 운영을 위한
일회성 규칙이 아니라 프로그램이 끝난 이후에도
교권침해와 학교폭력이 없는 상호 존중의
평화로운 학급 공동체를 만들기 위한 것이다.

따라서 매 단계 시작 전
'약속 정하기'를 충실히 이행하여
평화로운 비폭력 문화가
학급 안에 정착될 수 있도록 해야 한다.

사전 설문지

번호	질문 (최근 한 달 동안)	척도				
		전혀 아니다	아니다	보통	그렇다	매우 그렇다
1	교권침해가 무엇인지 알고 있다.					
2	교권침해가 일어나면 어떻게 되는지 알고 있다.					
3	선생님이 힘들다고 느낀 적 있다.					
4	우리 반은 수업 시간에 시끄럽다.					
5	우리 반에서 최근 한 달간 학교폭력은 없었다.					
6	친구의 마음을 공감할 수 있다.					
7	나는 우리 반에서 친구들에게 무시를 당한 적 있다.					
8	선생님이 지시할 때 거부하거나 모른 척 한 적 있다.					
9	수업 중 친구와 이야기를 나누는 것은 괜찮다고 생각한다.					
10	선생님이 잘 모르거나 어른답지 못하다는 생각이 들면 무시하는 마음이 든다.					

▶ **인지능력:** 교권침해에 관하여 알고 있는 지식수준 (1, 2)
▶ **공감능력:** 교사와 친구의 마음을 공감할 수 있는 능력 (3, 6)
▶ **학교폭력:** 학교폭력의 유무 (5)
▶ **상호존중:** 교사와 친구들을 무시하는 태도 (7, 8, 10)
▶ **수업태도:** 수업에 임하는 태도 (4, 9)

※ 전혀 아니다 1점 ~ 매우 그렇다 5점
　역채점: 4, 5, 7, 8, 9, 10

> 본 설문지를 통해 프로그램의 효과성(교권
> 침해의 이해도, 교사와 친구에 대한 공감 능력,
> 상호 존중 태도, 수업 태도, 학교폭력)을 측정해
> 볼 수 있다.

지도자 소개

멘트	준비사항 및 메모
안녕하세요. 만나서 반갑습니다. 먼저 워크북 첫 번째 페이지에 나와 있는 사전 설문지를 작성하도록 하겠습니다. (최근 한 달 기준) 설문지 작성을 마치면 선생님 소개를 하겠습니다. 저는 이번 집단 프로그램 지도자 ○○○입니다. 지금부터 선생님을 소개하는데 제 이야기를 듣고, 진실인지 혹은 거짓인지 맞춰보세요. 진실이나 거짓을 계속해서 잘 맞추는 학생은 마지막에 선물을 주겠습니다. **예시** 1번. 선생님 자녀는 4명이다. 진실일까요? 거짓일까요? (틀린 사람은 탈락, 맞춘 사람만 다음 문제) 2번. 선생님 종교는 기독교이다. 진실일까요? 거짓일까요? 3번. 선생님은 골프, 수영, 테니스, 축구, 농구, 스키를 할 수 있다. 진실일까요? 거짓일까요?	

1) 지도자 소개는 너무 길지 않고, 편안하게 하도록 함.

2) 전문가임을 나타내어 신뢰감(기대감)을 줄 수 있도록 간단한 프로필(이력, 자격)을 소개하는 것도 효과적일 수 있음.

3) 지도자 소개 방법으로 진실 혹은 거짓을 사용하였으나 친밀감을 높이는 다양한 방법을 사용할 수 있음.

　　예 - 간단한 게임 등을 통해 주의를 집중시키는 방법도 가능함.
　　　　(가위바위보 게임, 초성 게임, 넌센스 퀴즈 등)

프로그램 소개

멘트	준비사항 및 메모
집단 프로그램의 주제는 '교권침해'입니다. 교권침해 문제에 대해 같이 생각해보고, 어떻게 하면 예방 할 수 있는지를 6단계로 나누어 진행합니다. 그럼 어떤 내용들이 있을까요? 오늘은 서로 인사하고, 프로그램을 소개하는 오리엔테이션 시간을 갖겠습니다. 두 번째 단계는 교권침해가 무엇이고, 얼마나 심각한 문제인지 알아봅니다. 세 번째 단계는 교권침해가 발생하는 원인이 무엇인지 알아봅니다. 네 번째 단계는 교권침해 피해자가 어떤 고통을 느끼고 있는지 함께 공감해보는 시간을 갖습니다. 다섯 번째 단계는 어떻게 하면 교권침해를 예방할 수 있는지 방법을 찾아보고, 마지막 시간에는 실천 활동을 직접해보며 프로그램을 마치도록 하겠습니다.	

1) 집단 프로그램이 무엇인지 간단히 설명해주어도 됨
   예 '집단 프로그램은 주제와 관련하여 서로의 생각과 마음을 이야기하는 시간이에요.'
2) 멘트는 대상(나이, 성별)을 고려하여 자유롭게 변형하여 사용할 수 있음
3) 프로그램 소개는 간단히 설명하고 넘어감.(PPT 활용) 길면 지루하고, 시간이 부족할 수 있음
4) 마지막 회기에는 수료식과 함께 수료증이나 상품을 줄 수 있음

평화 공동체 만들기

멘트	준비사항 및 메모
이번 집단 프로그램을 하는 동안 우리 학급은 3가지 약속을 지킴으로 인해 폭력이 없는 평화로운 공동체를 만들도록 노력할 것입니다. 첫째, 존중입니다. 존중의 반대는 무시입니다. 내가 힘이 세다고 마음대로 말하고 행동하는 것은 상대를 존중하지 않는 것입니다. 우리는 서로를 존중한다는 의미로'토킹스틱'을 사용하겠습니다. 하고 싶은 말이 있을 땐'토킹스틱'을 받아서 사용하도록 합니다. 둘째, 비폭력입니다. 우리는 앞으로 물리적인 폭력뿐만 아니라 언어적, 비언어적 폭력까지도 금지합니다. 서로에게 상처 주는 말이나 표정, 행동은 사용하지 않도록 노력합니다. 셋째, 신뢰입니다. 우리는 서로 존중할 것과 폭력을 사용하지 않을 것을 믿고 의심하지 말아야 합니다. 서로 불신한다면 완전한 평화는 이루어지지 않습니다. 신뢰의 의미로 옆 친구와 손가락을 걸고 '약속'을 하며, '비밀보장'을 합니다.	

1) 평화로운 공동체를 형성하기 위한 3가지 조건은 교권침해를 예방하기 위한 기틀이 됨. 따라서 매 시간 3가지를 강조하고, 실천함으로 자연스럽게 교권침해 문제가 사라질 수 있도록 분위기를 조성함.

※ 토킹스틱은 북미 인디언 이로코이족이 동그란 원형으로 둘러앉아 회의를 할 때 사용하던 것으로 대머리독수리가 새겨진 지팡이를 가진 사람만이 발언할 수 있고 자신의 발언이 끝나면 다음 사람에게 지팡이를 넘겨줌. 모둠별로 하나씩 제공하여 사용함. (마이크 모양의 장난감을 사용할 수 있음)

2) 지도자가 학급 분위기와 집단 역동을 고려하여 융통성 있게 운영할 수 있음.

우리들의 약속

하나, <u>나는 다른 사람을 존중하겠습니다.</u>

'토킹스틱'을 사용하여 이야기합니다.

두울, <u>나는 폭력을 사용하지 않겠습니다.</u>

나는 언어적 폭력(욕설, 비난, 친구가 싫어하는 모든 말)도 하지 않겠습니다.

세엣, <u>나는 친구를 믿으며, 비밀을 지키겠습니다.</u>

남의 이야기를 소문내지 않겠습니다.

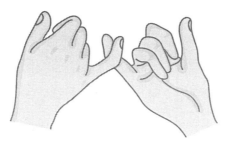

모둠 정하기

멘트	준비사항 및 메모
이번 집단 프로그램은 모둠별로 앉아 운영하도록 하겠습니다. 그리고 오늘 정해진 모둠은 앞으로 남은 프로그램을 모두 마칠 때까지 변하지 않습니다. 모둠별로 앉아서 하는 이유는 선생님 혼자 말하고 여러분은 듣기만 하는 시간이 아니라 친구들과 토론하고 발표하면서 여러분의 생각을 나누기 위한 것입니다. 모둠은 4개로 정하며, 모둠 이름을 정합니다. 모둠명은 교권침해 없는 학교(급)를 만들기 위해 필요한 것이 무엇인가 찾아보고, 그것을 모둠명으로 사용합니다. 한 번 얘기해 볼까요? **예시** 정의, 공감, 평화, 존중, 이해, 사랑 등	

1) 모둠을 정할 땐 이미 정해져 있는 모둠이 있는 경우 그대로 해도 무관함.

2) 학급 분위기에 따라 자연스럽게 친한 친구들끼리 모이게 할 수 있지만 친구가 없는 소외된 학생이 있을 수 있으므로, 지도자가 임의로 정해주는 것도 방법이 될 수 있음.

3) 모둠을 나누는 방법은 번호대로 1번부터 끝 번호 까지 4개로 나누어 만들 수 있고, 가까이 앉은 학생들끼리 모둠을 만들어 줄 수 있음.

   그 외 공통점이 있는 학생들끼리 묶어줄 수 있고, 가위바위보 게임으로 나눌 수 있음.

모둠 정하기

이름: 이름: 이름: 이름: 이름:	이름: 이름: 이름: 이름: 이름
모둠명 :	모둠명 :
이름: 이름: 이름: 이름: 이름:	이름: 이름: 이름: 이름: 이름
모둠명 :	모둠명 :

우리 반을 소개합니다

멘트	준비사항 및 메모
선생님은 오늘 처음으로 여러분을 만나기 때문에 어떤 반인지 알고 싶습니다. 그래서 여러분이 워크북을 펴서 작성하고, 발표해보도록 하겠습니다.	

1) 각자 활동지에 적어서 발표하는데, 첫 시간에 경직된 분위기가 될 수 있으므로 옆 친구와 의논하며 작성할 수 있도록 함. 단, 너무 산만하고 떠드는 분위기가 되지 않도록 지도함. 작성하는 동안 경쾌한 음악을 틀어주는 것도 좋음.

2) 발표자가 없을 경우 지도자가 임의로 게임을 통해 발표자를 정해도 됨. 발표 후 박수유도. 예 - 10월 9일이면 10번, 9번 발표함 / 단체 가위바위보

3) '우리 반 소개합니다'의 목적은 각자 어떻게 생각하고 있는지 인식의 차이를 느끼게 하여 객관적인 시각으로 학급 공동체를 바라볼 수 있도록 함.

4) 2번 질문에서는 ☆ 3개 이하를 표시했다면 불만족스런 경우일 것이고, ☆ 3개 이상을 표시했다면 대체로 만족스러운 경우일 것임. 그 이유를 적도록 하는데 불만족의 원인으로 '누구 때문에, 누구만 없으면' 등의 특정 학생을 지목하는 경우가 발생할 수 있으므로 주의를 주어야 함. 만약, 특정 인물(학생, 교사)이 언급된다면 따돌림이나 교권침해 문제가 있을 가능성도 있음.

5) 적극적으로 발표를 하면 간단한 선물(사탕, 초콜릿 등)을 줄 수 있음.

우리 반을 소개합니다

1. 우리 반을 5글자로 소개하면? OOOOO

　　이유는: _____

2. 우리 반 만족도? ☆☆☆☆☆ (별 몇 개?)

　　☆ 3개 이하: (이유) _____

　　☆ 3개 이상: (이유) _____

3. 나에게 우리 반은 어떤 의미인가요?

「깨·알」같은 재미

멘트	준비사항 및 메모
오늘 프로그램을 마치기 전에 잠시 「깨·알」같은 재미의 시간을 갖도록 하겠습니다. 「깨·알」같은 재미는 여러분 각자가 지금 여기에서 경험하는 감각(느낌), 생각, 감정, 욕구, 행동, 환경을 깨달아(깨어나) 알아차리는 연습을 하는 것입니다. 예를 들면, 지금 내가 무슨 행동을 하고 있는지 알아차려 보세요. 몸의 어디에 힘이 들어가 있고, 손은 무엇을 하고 있는지? 의자에 닿아 있는 엉덩이는 어떤 느낌인지? 깨달아 알아차리는 것입니다. 이것을 하는 이유는 교권침해가 발생하는 일촉즉발의 위기 상황에서 자신의 상태를 깨달아 알고, 감정과 행동을 조절할 수 있도록 돕기 위한 것입니다. 우리는 6번의 집단 프로그램을 하는 동안 계속해서 「깨·알」같은 재미의 시간을 갖도록 하겠습니다. 방법은 3분 정도 눈을 감고, 조용한 상태로 아무 말도 하지 않습니다. 호흡은 길고, 천천히 해보세요. 나는 지금 입을 벌리고 있는지, 다물고 있는지 알아차립니다. 지금 귀로 들리는 소리가 무엇인지 집중해보세요. 손은 무엇을 하고 있나요? 발가락 끝에 집중해보세요. 힘이 들어간 곳은 어디 인가요? 나는 지금 무슨 생각을 하고 있나요?	

1) 「깨·알」훈련은 자신이 지금 여기에서 무엇을 느끼고 무엇을 원하는지를 자각하여 깨어있는 상태를 유지할 수 있도록 연습하는 것임.

2) 지도자가 참여 학생의 이름(번호)을 한 명씩 부르며 지금 느끼는 것, 생각하는 것, 들리는 소리가 무엇인지 질문함.

3) 지도자가 학급 분위기와 집단 역동을 고려하여 융통성 있게 운영 할 수 있음.

소감 나누기

멘트	준비사항 및 메모
오늘 처음으로 여러분과 만나서 이야기를 나누었는데 마칠 시간이 되었습니다. 프로그램 참여하면서 들었던 생각이나 느낌을 같이 나누고 마치겠습니다. 혹시 먼저 이야기하고 싶은 학생 있나요?	

1) 매 회기 끝에는 소감 나누기를 하면서 마무리 함.

2) 발표하는 학생이 없다면 지도자가 먼저 소감을 말하면서 자연스럽게 유도할 수 있음.

3) 발표하는 모든 학생에게는 긍정적인 피드백을 전해주고, 박수와 사탕을 선물로 줌.

4) 다음 회기에 대한 예고를 하면서 인사함.

5) 가능하면 쉬는 시간을 넘기지 않도록 주의함.

6) 다음 시간 시작 전 책상을 모둠별로 앉도록 안내함.

STEP 2

교권침해의 이해

2단계는 교권침해란 무엇이며,
교권침해가 일어나면 어떻게 되는 지에 대한
정보를 전달하고, 그것에 대해 이야기를 나누는 시간이다.

교권침해의 실제 사례를 들려주어
보다 쉽게 이해하도록 한다.

그렇지만 너무 폭력적이고 선정적인 내용을
그대로 전달하는 것은 오히려 모방 심리를 자극하여
유사한 문제가 발생할 수 있기 때문에
보통 수준의 사례만 선별적으로 보여준다.

그리고 소개한 교권침해 사례가
학급에서 일어나고 있는지 알아본다.

리마인드 (1)

멘트	준비사항 및 메모
여러분 잘 지냈나요? 두 번째 단계를 시작하기 전에 지난 시간 했던 것 중에서 중요한 내용을 떠올려보겠습니다. 3가지 약속을 기억하나요? 첫째, 존중하기 - 토킹스틱 사용하기 둘째, 폭력 사용하지 않기 - 상처주지 않기 셋째, 신뢰하기 - 비밀 지키기, 나쁜 소문내지 않기 다음으로 「깨·알」 같은 재미를 기억나나요? 여러분이 지금 무엇을 느끼는지, 생각하는지, 하고 싶은 것이 무엇인지 깨달아(깨어나) 알아차리는 것입니다. 오늘도 시작하기 전 알아차리기 먼저 해보겠습니다. 잠시 눈을 감아보겠습니다. (3분간 실시)	

1) 매 단계 시작 전 '약속 지키기'와 「깨·알」훈련을 실시하여 평화 감수성을 높이고, 자기 조절 능력을 기를 수 있도록 함.
2) 「깨·알」훈련 멘트는 지도자가 상황에 맞게 사용할 수 있음.

복습 퀴즈

멘트	준비사항 및 메모
지난 시간 우리가 무엇을 배우고 익혔는지 알아보기 위해 퀴즈를 내겠습니다. 정답을 아는 학생들은 자신의 모둠명을 말하며 손을 들어주세요.	

1. 선생님 이름은 무엇일까요?

2. 프로그램의 주제와 이름은 무엇일까요?

3. 3가지 약속은 무엇일까요?

4. _____

5. _____

빙고게임

멘트	준비사항 및 메모
여러분은 '교권침해'란 말을 들어본 적 있나요? (네) 언제, 어디서 들어봤나요? (대답) 요즘 학교폭력 만큼이나 교권침해도 많이 듣게 되는 것 같습니다. 먼저 '교권침해'라는 말을 듣고, 떠오르는 단어 9개를 적어 빙고 게임을 해보겠습니다. 2(3)줄을 먼저 완성하면 이기는 게임입니다. 마지막에 빙고를 외치는 모둠에게는 선물(스티커)을 드리겠습니다. 교권침해와 관련된 단어나 느낌말, 사람 등을 자유롭게 적으면 됩니다.	

1) 학생들이 평소 교권침해에 대해 어떤 생각과 느낌, 이미지를 가지고 있는지 빙고 게임을 통해 알아보는 시간을 가짐.

2) 빙고 게임을 개인 간 대결로 진행할 수 있지만 9개의 칸을 채우는데 시간이 많이 걸리고 어렵기 때문에 모둠별로 상의해서 하나의 빙고 판을 만들어 진행하는 것이 효과적임.

3) 9개 칸을 모두 채우는 것이 생각보다 어려워 못 채우는 경우도 발생할 수 있음.
   시간 내에 다 못 채울 경우 가장 많이 빙고 칸을 채운 사람(모둠)에게 선물을 줌.
   각자 어떤 단어를 썼는지 발표하면서 자연스럽게 이야기를 나눔.

4) 빙고게임이 어려운 저학년이나 동기가 부족한 학급은 교권침해 관련 떠오르는 이미지를 각자 그려보도록 하고, 그림을 그린 이유를 함께 나누도록 함.

빙고게임

예시

명예퇴직(명퇴)	문제 학생	폭력
교권보호위원회	스승의 날	교권추락
학부모 전화	성희롱	학생 인권 강화 체벌 금지 등

< 게임규칙 >

1. 교권침해와 관련된 단어를 9개의 칸에 적는다.

2. 지도자가 처음 부르는 단어가 본인에게도 있으면 손을 들고 이름을 부른다.

3. 여러 사람일 경우 가위바위보를 통해 이긴 사람이 다음 단어를 부른다.

4. 단어가 가로와 세로, 대각선을 포함하여 3줄이 완성되면 '빙고'를 외친다.

교권침해 연상 이미지

< 그림 설명 >

교권침해란?

멘트	준비사항 및 메모
이 시간에는 교권이란 무엇이고, 교권침해가 얼마나 심각한 문제인지 알아보겠습니다. 여러분의 워크북을 보면, 교권침해의 정의에 대해 나와 있습니다. 교권침해는 여러 법령이 정하는 바에 의해서 교사의 정당한 교육 활동을 방해하는 행위를 뜻합니다.	

1) 법에 대한 내용을 너무 자세히 말하면 자칫 지루해질 수 있기 때문에, 교사의 가르칠 권한이 법적으로 인정되어 보호받아야 함을 알려주는 데 목적을 둠.

2) 교사의 가르칠 권한은 국민이 법에 준거하여 부여해준 권한임.
유사한 개념으로 판사도 재판할 권한을 국민이 법에 준거하여 부여해준 것으로서 판사가 판결을 내리면 불복하기 어려운 것으로 비교하여 설명할 수 있음.

교권과 교권침해란?

■ 교권(敎權)이란?

　☞ 교사로서 지니는 권위나 권력 (국립국어원 표준국어대사전)

　☞ 교육자로서의 권리나 권위 (Daum 어학사전)

■ 법령이 규정한 교육 활동 침해 행위

법조항	내용
교원의 지위 향상 및 교육 활동 보호를 위한 특별법 제15조 제1항	학교의 학생 또는 그 보호자 등이 교육 활동 중인 교원에 대하여 폭행, 모욕 등 대통령령으로 정하는 교육 활동을 침해하는 행위
교원의 지위 향상 및 교육 활동 보호를 위한 특별법 시행령 제2조의3	1. 「형법」 제2편 제25장(상해와 폭행의 죄), 제30장(협박의 죄), 제33장(명예에 관한 죄) 또는 제42장(손괴의 죄)에 해당하는 범죄 행위 2. 「성폭력범죄의 처벌 등에 관한 특례법」 제2조 제1항에 따른 성폭력범죄 행위 3. 「정보통신망 이용촉진 및 정보보호 등에 관한 법률」 제44조의7 제1항에 따른 불법정보 유통 행위 4. 그 밖에 교육부 장관이 정하여 고시하는 행위로서 교육 활동을 부당하게 간섭하거나 제한하는 행위
교육 활동침해 행위 고시 (교육부고시 제2-17-118호)	1. 「형법」 제8장(공무방해에 관한 죄) 또는 제34장 제314조(업무방해)에 해당하는 범죄 행위로 교원의 정당한 교육 활동을 방해하는 행위 2. 교육 활동 중인 교원에게 성적 언동 등으로 성적 굴욕감 또는 혐오감을 느끼게 하는 행위 3. 교원의 정당한 교육 활동에 대해 반복적으로 부당하게 간섭하는 행위 4. 그 밖에 학교장이 「교육공무원법」 제43조 제1항에 위반한다고 판단하는 행위

교권침해란 무엇일까요?
(법령이 규정한 교육 활동 침해 행위)

인간으로서의 기본권 침해
• 선생님에 대한 폭언과 폭행, 성폭력 등 신체적 위해 • 명예훼손, 모욕, 성희롱 등 인격권 침해 • 언론기관 등에 의한 사생활 침해

교육자로서의 교육할 권리 침해
• 학생, 학부모의 수업을 방해하는 행위 • 선생님의 교육 활동에 반복적으로 부당하게 간섭하는 행위

전문직 종사자로서의 신분 침해
• 부당한 신분, 인사상 조치 • 학교 안전사고 및 학교폭력 피해 배상 요구

교권침해가 일어나면?

Q) 학생이 수업 방해, 교사에 대한 폭언, 폭행, 위협, 지도 불응에 대한 선도 조치에 대해 이행하지 않을 경우 어떻게 되나요?

A) 학교에서는 **교권보호위원회 및 선도위원회를 개최**하여 학칙에 따라 징계처분을 할 수 있으며, 징계는 교내봉사, 사회봉사, 특별교육 이수, 출석정지 등이 가능합니다.

또한 폭행, 재물손괴 등 비행 정도가 심하고 징계, 상담 등 지도에도 불응할 때에는 **학교장 통고 제도**를 통해 **소년보호재판을 법원에 신청**할 수 있습니다.

그리고 교사에 대한 모욕, 명예훼손, 협박 등은 죄가 성립할 수 있으므로 수사기관에 고소를 할 수 있습니다.

학생이 교사에게 욕설을 하였다면 이는 형법상 **모욕죄**(형법 제311조)에 해당됩니다. 교사에 대하여 구체적으로 해악을 가할 것을 고지하는 등의 언동을 하였다면 **협박죄**(형법 제283조)에 해당됩니다. 또한 학생이 학교에서 난동을 부리는 등 수업을 방해했다면 형법상 **공무집행방해죄**(형법 제136조, 국·공립학교), **업무방해죄**(형법 제314조, 사립학교)가 성립할 수 있습니다.

출처 : 2017년 교육 활동 보호 매뉴얼 (교육부, P.54)

교권침해 문제의 심각성

멘트	준비사항 및 메모
교권침해 문제가 얼마나 심각한지 알아볼까요? 신문이나 방송, 인터넷을 통해 교권침해와 관련된 기사를 보면 얼마나 많이 일어나고 있으며, 심각한지 알 수 있습니다. 준비한 자료를 보겠습니다.	

1) 기사와 동영상은 가능하면 최근 자료를 찾아 보여주도록 함.
   (예 - 유튜브 사이트 이용)

2) 너무 자극적(폭력, 선정)인 기사와 동영상은 피하도록 함. 모방 우려.
   교권침해 관련 영화도 좋음.

교권침해 사례

사례1) 학생의 수업 진행 방해

- 수업 상황에서 발생하는 학생의 부적절한 행동으로 교사의 교수활동 방해와 동료학생의 학습활동 방해, 교실 기물 파손 등 직접적인 수업 방해 행동이 해당됨. 또한 교사의 지시에도 불구하고 수업 준비를 하지 않거나 수업 활동에 참여하지 않는 행위도 포함 됨

- 여교사 수업 시간 중 한 학생이 다른 학생들에게 모두 책상에 엎드리라고 명령하며 고개를 들면 "죽여 버린다."고 협박하자 이를 장난으로 여긴 교사가 학생들에게 여러 번 고개를 들어 칠판을 바라보라고 하였으나 학생들이 고개를 들지 않아 수업 진행이 안 됨

- 수업 시간에 학생이 휴대폰을 사용하는 것을 보고 교사가 압수하자 교사를 막아서고 옷깃을 잡고 거칠게 항의하며 핸드폰을 되돌려 줄 것을 강하게 요구

사례2) 명예훼손 및 사이버 매체 폭력

- 교원의 정당한 지도에도 불구하고 다수의 학생들이 있는 공간에서 행하는 인신공격적인 행동

- 학생과 평소에 아무런 갈등이 없었고 수업 태도도 괜찮았던 학생인데, SNS에서 심한 욕설로 교사를 공개적으로 모욕

- 상습적으로 수업 준비를 하지 않는 사유로 학생을 교실 뒤편에 서서 수업에 참여하게 하였으나, 거친 항의와 함께 무단으로 학교로 이탈하여 귀가한 후 부모에게 "교사가 멱살을 잡고 뺨을 때렸다."고 거짓 진술하며 본인의 친구들을 거짓 증인으로 내세움

사례3) 성희롱 및 성폭력

- 중학생이 쉬는 시간에 계단을 올라가고 있는 여교사의 신체를 스마트폰으로 촬영

- 중학교 복도에서 3학년 학생이 교사를 좋아한다고, 다른 학생들이 보고 있는데도 교사를 벽에 밀어붙이고 나가지 못하게 함

- 중학교 남학생이 인쇄물을 나눠주는 여교사의 어깨에 손을 얹더니 "누나! 우리 사귀자."고 말하고 다른 학생은 이 장면을 휴대전화로 촬영한 후 SNS에 '선생님 꼬시기'란 제목의 동영 상을 올림

사례4) 학부모의 폭언·폭행

- 학부모가 평소 담임교사에 대해 "아이가 입원을 했는데 문병을 안 온다. 구구단을 외우는 숙제로 인해 스트레스를 받아 죽으면 책임을 질 거냐? 학부모 총회에서 학급 담임과 상담 을 받지 못했다."는 등 반감을 내비치며 여러 차례 폭언

- 수업 중 장난을 치는 여학생을 훈계한 후 "남학생들 사이로 가라"는 담임교사의 말에 교사 가 남학생들의 가랑이 사이로 지나가라고 했다며 학생의 어머니가 교장실로 찾아가 항의하 고 학생의 아버지는 수업 중이던 교사를 뒤에서 달려들어 주먹으로 폭행

- 학부모가 자신의 아이만 차별하여 두발지도를 한다고 격분하여 수백 명의 학생들이 지켜보 는 가운데 주먹으로 교사를 폭행

우리 반 교권침해

멘트	준비사항 및 메모
그럼 우리 반에 있는 교권침해 문제는 무엇인지 알아보겠습니다. 모둠별로 워크북을 작성하고, 한 사람이 발표하겠습니다.	

1) 모둠별로 토의를 한 후 결정하는 과제이기 때문에 모둠을 정하고 자리를 움직이는데 시간이 걸리며, 자칫 분위기가 흐트러질 수 있어 1단계에서 정한 모둠별로 앉도록 함.

2) 정해진 모둠이 없을 경우 학급에서 소외된 학생이 발생할 수 있음. 따돌림을 당할 경우.

3) 만약 우리 학급에 교권침해가 없다고 한다면, 일반적인 경우를 생각하면서 가장 많이 일어날 것으로 예상되는 교권침해 유형으로 순위를 정하도록 함.

우리 반 교권침해 순위

■ 우리 반에서 가장 많이 일어나는 교권침해는 무엇일까요?

유형	사례	순위
수업 방해	떠들기	
	수업과 상관없는 질문하기	
	돌아다니기	
	이상한 소리내기	
	수업 늦게 들어오기	
	매점 음식 먹기	
폭언, 폭행 위협적 행동	선생님 앞에서 욕하기	
	책상이나 물건 던지기	
	선생님에 대한 폭력행위	
	불손한 태도 보이기	
성적 혐오감을 주는 행위	수업과 관계없는 성적인 질문, 농담, 장난하기	
정당한 지도 불이행	수업 거부	
	청소 안하기 (도망, 거부)	
	생활지도 불응 (교칙 위반)	
	휴대전화 안 내기	
사이버 매체 폭력	SNS 이용한 허위사실 유포 늦은 시간 문자 메시지 보내기	

소감 나누기

멘트	준비사항 및 메모
오늘 프로그램을 마칠 시간이 되었습니다. 프로그램 참여하면서 들었던 생각이나 느낌을 같이 나누고 마치겠습니다. 혹시 먼저 이야기하고 싶은 학생 있나요?	

1) 발표하는 학생이 없다면 지도자가 먼저 소감을 말하면서 자연스럽게 유도할 수 있음.

2) 발표하는 모든 학생에게는 긍정적인 피드백을 전해주고, 박수와 사탕을 선물로 줌.

3) 다음 회기에 대한 예고를 하면서 인사함.

4) 가능하면 쉬는 시간을 넘기지 않도록 주의함.

5) 다음 시간 시작 전 책상을 모둠별로 앉도록 안내함.

교권침해, 대체 왜?

- 발생원인 -

3단계는 교권침해의 발생 원인을 알아보는 내용이다.

교권침해는 소수의 문제 학생과
일부 피해 교사와의 사적인 갈등 관계로 보일 수 있지만,
사회·문화적 관점에서 볼 때
보다 많은 학생과 교사 사이에 일어날 수 있는
일반적인 학교 문제로도 볼 수 있다.

또한 교권침해의 원인이
버릇없는 문제 학생 때문만이 아니라
스스로 권위를 실추시킨 문제 교사에게도
책임이 있으므로
학생들에게 무조건 교사의 말을 잘 듣고,
따라야 한다는 식이 아니라
균형감 있는 접근이 이루어지도록 한다.

리마인드 (2)

멘트	준비사항 및 메모
여러분 잘 지냈나요? 지난 시간과 마찬가지로 3가지 약속과 알아차리기를 떠올려보 겠습니다. 3가지 약속을 기억하나요? 첫째, 존중하기 - 토킹스틱 사용하기 둘째, 폭력 사용하지 않기 - 상처주지 않기 셋째, 신뢰하기 - 비밀 지키기, 나쁜 소문내지 않기 다음으로 「깨·알」 같은 재미를 기억나나요? 여러분이 지금 무엇을 느끼는지, 생각하는지, 하고 싶은 것이 무 엇인지 깨달아(깨어나) 알아차리는 것입니다. 오늘도 시작하기 전 「깨·알」훈련 먼저 해보겠습니다. 잠시 눈을 감아보겠습니다. (3분간 실시)	

복습 퀴즈

멘트	준비사항 및 메모
지난 시간 우리가 무엇을 배우고 익혔는지 알아보기 위해 퀴즈를 내겠습니다. 정답을 아는 학생들은 자신의 모둠명을 말하며 손을 들어주세요.	

1. 교권침해란 무엇일까요?

2. 교권침해 유형을 3가지 말해보세요?

3. 교권침해가 일어나면 학생은 어떻게 되나요?

4. _____

5. _____

교권침해 발생원인

멘트	준비사항 및 메모
이번 단계는 교권침해 문제가 왜 일어나는지 그 원인을 알아보겠습니다. 여러분이 생각할 때 교권침해는 왜 일어난다고 생각하나요? 혹시 발표해볼 학생 있나요? 아니면 내가 경험했거나 목격한 교권침해 사례가 있다면 발표해주세요.	

1) 3단계는 교권침해 발생 원인을 몇 가지 사례로 설명하며 교권침해 학생의 특성(심리적, 생물학적)과 사회문화적 원인에 대해 알아봄.

2) 교권침해 학생도 학교폭력 가해 학생처럼 여러 취약 요인으로 인해 그러한 문제 행동을 나타낸 것으로 볼 수 있음.
따라서 모조건 나쁜 학생이기 때문에 공동체 밖으로 추방시켜야 한다는 입장보다는, 원인을 이해하고 도움이 필요한 학생으로 인식을 전환하여 구성원 모두가 교권침해 학생을 도와주도록 하는데 목적이 있음.

3) 3단계의 생물학적 특성은 자칫 오해와 논란의 소지가 있어 조심스럽게 접근해야 함.
예를 들어 해당 학급에 모두가 알고 있는 ADHD 학생이 있다면 잠재적 교권침해 가해 학생으로 낙인이 찍힐 수 있음.

교권침해 발생원인

■ 사회·문화적 관점

1) 학생 인권 강화에 따른 반작용?

☞ 많은 교사들이 교권의 추락이 학생 인권조례로 인해 학생지도가 어려워졌기 때문이라고
생각함. (한국교원단체총연합회가 2017년 전국 유초중등 교사, 대학교수, 교육전문직 1,196명을 대상
으로 이메일 설문조사 결과 98.6%가 과거에 비해 현재의 생활지도가 더 어려워졌다고 응답하였고, 그
이유에 대해서는 교원의 31.3%가 학생 인권만 강조하다보니 상대적으로 교권이 약화되었기 때문이라고
응답함.)

특히 학생 인권조례 이후 체벌 금지가 이루어졌기 때문에 교사들이 학생을 지도할 제제
수단이 사라졌다고 여김. 그와 동시에 학생들은 더 이상 교사를 두려워하지 않고, 함부
로 대하는 분위기가 형성됨. 하지만 체벌은 교육적이지 않으며 오히려 부작용이 많다는
의견이 다수임.

2) 교사의 잘못?

☞ 권위적이고 일방적인 방식으로 학생들을 대하며, 교재 연구 등을 소홀히 하여 수업에서
학생들에게 만족감을 주지 못함. 시대의 변화에 맞추지 못하고 과거 방식으로 학생들을
지도함.

☞ 교사가 연루된 각종 사건이 언론에 회자되며 부도덕한 교사의 이미지 형성.

3) 교사의 권위를 인정하지 않는 사회 분위기

☞ 고학력을 가진 학부모들과 입시를 위한 사교육 의존 증가. 인터넷의 발달로 인한 정보화
사회 이후 학생들의 지식수준의 증가. (교사와 학생, 학부모의 지적 격차가 줄어듦)

4) 스마트폰, 인터넷 등의 미디어 접촉 증가 (폭력적, 선정적)

☞ 학생들의 인터넷 접속이 늘면서 과거에 비해 폭력적이고 선정적인 미디어에 자주 노출됨
에 따라 모방심리가 작용하며 따라하는 경향이 증가함.

▣ 학생 개인의 심리적·생물학적 관점

1) 적대적 반항장애, 품행장애, ADHD, 분노조절장애 등 병리적 문제
   - ☞ 법과 규칙 무시, 권위자에 대한 반항, 비이성적, 비도덕적, 공격적, 무책임함
   - ☞ 특히 ADHD는 충동성이 강하고 주의 집중 시간이 짧아 수업 시간 오래 앉아 있는 것을 힘들어함. 교사의 지시를 잘 듣지 못하고, 주의가 산만하여 교권침해 행동으로 오해받을 수 있음.
   - ☞ 장애판정 기준은 전문의의 진단을 요구하므로 섣부른 짐작만으로 판단하면 안 됨.

2) 스마트폰 과다사용으로 인한 충동조절 어려움
   - ☞ 어려서부터 스마트폰을 과다 사용하게 되면 전두엽(판단, 계획, 조절) 발달에 부정적 영향을 주어 충동적으로 행동할 수 있음.

3) 미성숙한 방식의 욕구 분출
   - ☞ 친구들로부터 관심(주목)받고 싶은 욕구를 교사에게 반항하는 반사회적 행동으로 나타냄.

4) 친구 따라 하기
   - ☞ 자존감이 낮은 학생일수록 친구들의 압력을 따르거나 동조하는 경향이 있음.

5) 삐뚤어진 영웅심리
   - ☞ 학생들과 갈등 관계에 있는 교사를 향해 그릇된 방식으로 앞에 나서며, 문제를 해결하고자 함.

6) 어른에 대한 예의 없음
   - ☞ 어려서부터 기본적인 예의범절을 익히지 못함. 윗사람을 무시함.

7) 억울함 또는 자존심
   - ☞ 교사가 잘못했는데 인정하지 않고, 변명하거나 나이 어린 학생이라는 이유만으로 함부로 대하는 것을 느꼈을 때, 불합리한 것에 대하여 심하게 억울하고 분함을 느낌.
     또는 선생님께 혼날 때 잘못한 줄 알지만 자존심이 상해서 물러서지 않음.

8) 사랑에서 시작하여 복수로 끝나는 애증의 심리

☞ 자신이 이성적으로 좋아하는 교사로부터 특별한 사랑을 받지 못하거나 무시(거부)당했다고 느낄 경우 자신의 마음을 받아주지 않음에 대한 복수심 때문에 교사를 공개적으로 괴롭힘.

9) 우울함 및 스트레스 관리 부족

☞ 청소년 우울은 '가면성 우울'이라 하여 슬픔이나 우울이 아닌 짜증, 분노, 반항적인 행동으로 표현되기도 함.

☞ 학교, 학원 등 과도한 학습량으로 인한 수면시간의 부족과 그에 따른 스트레스 증가

10) 청소년의 뇌는 공사 중?

☞ 청소년기는 뇌의 변화가 극적으로 일어나는 시기라 호흡, 심장 박동, 체온 조절 등을 담당하는 뇌간과 감정 분노 의욕 등에 관여하는 뇌의 심층부(변연계)가 활성화된 반면, 이를 조절하는 대뇌 전전두엽의 발달은 미숙함.

☞ 전두엽 미성숙과 편도체 활성화, 성호르몬의 증가로 인해 이성적(합리적) 판단력과 미래 조망능력은 부족하고, 감정적 대응은 늘어남.

11) 의사소통기술과 공감 능력의 부족

☞ 경청하기보다는 자기주장만 앞세우려는 의사소통 방식. 상대방의 감정을 공감하지 못함. 자신이 아는 단편적 지식만을 내세워 우기거나 비약함.

12) 학업에 대한 동기 부족

☞ 학교를 왜 다녀야 하는지 모르는 학생. 자퇴하고 싶은데 부모님 때문에 어쩔 수 없이 다녀서 책임감 없음. 따라서 학교 규칙도 어기고, 수업시간에도 잠을 자거나 엉뚱한 행동을 함. 그런 이유로 교사와 자주 갈등 일으킴.

13) 주 양육자와의 갈등이 무의식적으로 표출

☞ 부모나 그 밖의 주 양육자와의 갈등과 불만이 비슷한 모습과 연령대의 교사에게 투사되어 나타남. 하지만 이러한 감정은 무의식적으로 나타나기 때문에 스스로 알아차리기 어려움.

소감 나누기

멘트	준비사항 및 메모
오늘 프로그램을 마칠 시간이 되었습니다. 프로그램 참여하면서 들었던 생각이나 느낌을 같이 나누고 마치겠습니다. 혹시 먼저 이야기하고 싶은 학생 있나요?	

1) 발표하는 학생이 없다면 지도자가 먼저 소감을 말하면서 자연스럽게 유도할 수 있음.

2) 발표하는 모든 학생에게는 긍정적인 피드백을 전해주고, 박수와 사탕을 선물로 줌.

3) 다음 회기에 대한 예고를 하면서 인사함.

4) 가능하면 쉬는 시간을 넘기지 않도록 주의함.

5) 다음 시간 시작 전 책상을 모둠별로 앉도록 안내함.

마음의 소리

4단계는 교권침해의 직접 피해자인 교사와
간접 피해자로 볼 수 있는 친구들이
어떤 마음인지 알아보는 내용이다.

또한 이것은 교권침해뿐 아니라
학교폭력 예방 효과도 기대할 수 있다.

예화에 나오는 운동부와 연예기획사는
학생들에게 인기 있는 직업으로
이해를 돕기 위한 허구임을 밝힌다.
따라서 등장인물, 사건 모두 실제가 아니므로
프로그램에 참여하는 학생 중
운동선수나 연예인을 희망하는 학생이 있다면
오해하지 않도록 미리 안내해야 한다.

리마인드 (3)

멘트	준비사항 및 메모
여러분 잘 지냈나요? 지난 시간과 마찬가지로 3가지 약속과 알아차리기를 떠올려보겠습니다. 3가지 약속을 기억하나요? 첫째, 존중하기 - 토킹스틱 사용하기 둘째, 폭력 사용하지 않기 - 상처주지 않기 셋째, 신뢰하기 - 비밀 지키기, 나쁜 소문내지 않기 다음으로 「깨·알」 같은 재미를 기억나요? 여러분이 지금 무엇을 느끼는지, 생각하는지, 하고싶은 것이 무엇인지 깨달아(깨어나) 알아차리는 것입니다. 오늘도 시작하기 전 「깨·알」훈련 먼저 해보겠습니다. 잠시 눈을 감아보겠습니다. (3분간 실시)	

복습 퀴즈

멘트	준비사항 및 메모
지난 시간 우리가 무엇을 배우고 익혔는지 알아보기 위해 퀴즈를 내겠습니다. 정답을 아는 학생들은 자신의 모둠명을 말하며 손을 들어주세요.	

1. 교권침해가 발생하는 사회, 문화적 원인은 무엇이 있을까요?

2. 교권침해 문제를 일으키는 학생의 특성은 무엇인가요?

3. _____

4. _____

5. _____

교권침해 피해자 – 교사

멘트	준비사항 및 메모
오늘은 교권침해가 일어났을 때 피해를 겪는 사람이 누구인지 알아보고, 어떤 피해를 입는지 알아보겠습니다.	
가장 먼저 그리고 직접적으로 피해를 입는 사람은 교사, 여러분의 선생님입니다.	
선생님들이 교권침해를 당했을 경우 느끼는 감정은 어떨지 워크북을 보면서 이야기를 나눠보겠습니다.	
왼쪽 ○○○에 들어갈 적절한 감정 단어를 오른쪽에서 찾아 서로 연결해보겠습니다. (모르면 초성힌트)	

1) 교권침해가 발생하면 학교폭력 문제와 같이 가해자와 피해자가 나누어지는데 교권침해 문제인 만큼 가해자는 학생이 되고, 피해자는 교사가 됨.

2) 교권침해를 당한 교사들은 대부분 큰 정신적 충격으로 인해 심각한 외상 후 스트레스장애(PTSD) 증상을 보이기도 함.

   - 학생과 교실, 수업을 떠올리면 깜짝 놀라고 **두려움**이 느껴짐
   - 수업을 제대로 할 수 있을지에 대한 의구심이 생겨 점차 **자신감**을 잃음
   - 성인으로서 나이 어린 학생들 앞에서 모욕적인 일을 겪음으로 인해 **모멸감**과 **수치심**을 느낌
   - 열심히 해도 안 된다는 생각에 의욕을 잃고 **무력감**을 느낌
   - 교권침해 사실을 다른 사람에게 말할 수 없어 **답답함**과 **우울함**을 느낌
   - 교권침해를 한 학생에 대한 양가감정으로 인해 **괴로움**을 느낌

교권침해 피해 선생님의 마음

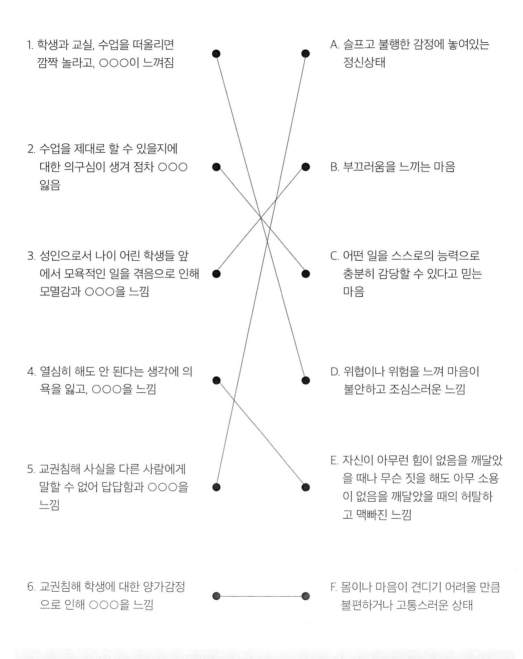

1. 학생과 교실, 수업을 떠올리면 깜짝 놀라고, ○○○이 느껴짐

2. 수업을 제대로 할 수 있을지에 대한 의구심이 생겨 점차 ○○○ 잃음

3. 성인으로서 나이 어린 학생들 앞에서 모욕적인 일을 겪음으로 인해 모멸감과 ○○○을 느낌

4. 열심히 해도 안 된다는 생각에 의욕을 잃고, ○○○을 느낌

5. 교권침해 사실을 다른 사람에게 말할 수 없어 답답함과 ○○○을 느낌

6. 교권침해 학생에 대한 양가감정으로 인해 ○○○을 느낌

A. 슬프고 불행한 감정에 놓여있는 정신상태

B. 부끄러움을 느끼는 마음

C. 어떤 일을 스스로의 능력으로 충분히 감당할 수 있다고 믿는 마음

D. 위협이나 위험을 느껴 마음이 불안하고 조심스러운 느낌

E. 자신이 아무런 힘이 없음을 깨달았을 때나 무슨 짓을 해도 아무 소용이 없음을 깨달았을 때의 허탈하고 맥빠진 느낌

F. 몸이나 마음이 견디기 어려울 만큼 불편하거나 고통스러운 상태

※ 양가감정 - 어떤 대상에 대하여 서로 상반되는 두 감정이 동시에 존재하는 상태

나도 그랬는데…

멘트	준비사항 및 메모
선생님이 교권침해를 당했을 때 느끼는 감정들을 알아보았는데, 그렇다면 우리들은 어느 때 그런 감정을 느꼈는지 워크북에 작성해보고 이야기를 나눠보겠습니다.	

학생들에게 선생님이 처한 상황을 이해하고, 자신이 만약 선생님이었다면 어떠했을지 생각해보기 전 그런 감정을 (과거) 자신은 언제 느껴보았는지 생각해보도록 함.

나도 그랬는데…

1. ~을 떠올리면 깜짝 놀라고 **두려움**이 느껴짐

2. ~을 잘할 수 있을지에 대한 의구심이 생겨 점차 **자신감을 잃음**

3. ~앞에서 모욕적인 일을 겪음으로 인해 **모멸감**과 **수치심**을 느낌

4. 열심히 노력해도 안 될 거라는 생각에 의욕을 잃고 **무력감**을 느낌

5. 내가 겪은 일을 다른 사람에게 말할 수 없어 **답답함**과 **우울함**을 느낌

6. ~에 대한 양가감정으로 인해 **괴로움**을 느낌

내 꿈은 무엇일까요?

멘트	준비사항 및 메모
잠시 쉬어가는 순서로 각 모둠에서 한 사람씩 나와 주세요. 지금부터 각 모둠에서 나온 학생들이 자신의 꿈을 말없이 동작으로 표현하면 여러분이 맞추는 게임을 하겠습니다. 가장 많이 맞추는 모둠에게는 간식을 선물로 주겠습니다.	

1) 다음 순서로 들어가기 전 간단한 게임을 통해 분위기 전환과 주의집중 효과를 일으킬 수 있음.

2) 다음 순서가 친구들의 꿈에 대한 내용이기에 주제를 자연스럽게 연결 지어 설명할 수 있음.

3) 미리 사탕이나 초콜릿 등의 간식을 상품으로 준비함.

교권침해 피해자 - 친구들

멘트	준비사항 및 메모
교권침해가 일어났을 때 또 다른 피해자가 발생하는데, 바로 친구들입니다. 모둠별로 워크북에 있는 스토리를 하나씩 정해 읽은 후 각자 질문을 만들어 친구들이 답을 해보도록 하겠습니다. 그리고 모둠장이 정리하여 발표하도록 하겠습니다.	

1) 교권침해가 발생하면 학교폭력 문제와 같이 가해자와 피해자가 나누어지는데 교권침해 문제인 만큼 가해자는 학생이 되고, 피해자는 교사가 됨.

2) 그러나 교권침해로 인해 발생되는 피해는 교사뿐 아니라 함께 수업에 참여하는 다른 학생들에게도 학습권 침해라는 피해를 주게 됨을 인식시키는 것이 중요함.

3) 스토리를 읽고 질문을 만들어 답을 해보며 자연스럽게 토론하는 시간을 만들 수 있음.

행복한 교사가 되기 위해 노력한 지수

지수는 어릴 적부터 선생님이 되고 싶어 했다. 하지만 중학생이 되면서 어릴 때 막연히 꿈꾸던 선생님은 쉽게 이루어질 수 없다는 것을 알게 되었다.

왜냐하면 지수와 같이 교사를 꿈꾸는 사람이 너무 많아 어려운 시험을 통과해야 선생님이 될 수 있기 때문이다.

하지만 지수는 꿈을 포기하지 않고, 열심히 공부했다. 학교에서는 물론 학원에서도 공부했고, 심지어 쉬는 시간과 점심시간에도 공부했다.

지수도 공부가 좋아서 하는 것은 아니었다. 정말 힘들고, 몸도 피곤했다.

친구들과 같이 놀고, 주말에는 마음껏 TV도 보고 싶었다. 하지만 목표가 분명해지니 방심할 수 없었다.

그나마 다행인 것은 노력한 만큼 성적이 조금씩 오르기 시작한 것이었다. 점점 오르더니 고3 때는 전교 5등 안에 들었다. 너무 기뻤고, 부모님과 선생님, 친구들도 진심으로 기뻐하고 축하해주었다.

지수는 그렇게 고등학교 3년을 마치고 원하던 A 사범대를 입학하게 되었다.

하지만 대학을 입학한 기쁨도 잠시뿐이었다. 학생 수가 점점 줄어드니 교사도 점점 적게 선발하면서 교사가 되기 위한 임용 시험은 점점 치열해졌다. 선배들의 모습을 보니 교사임용 시험을 준비하느라 정말 힘들어 보였다.

지수는 그렇게 대학 4년을 마치고, 교사임용시험에 도전했지만 안타깝게 떨어졌다.

하지만 지수는 슬퍼할 시간도 없이 1년에 한 번뿐인 다음 시험을 준비하기 위해 도서관으로 향했다. 나와 같이 공부한 친구가 먼저 합격한 것에 부러워해야 했고, 계속 시험에 떨어지면서 부모님께 죄송한 마음이 들었다. 그리고 언제 합격할지 모르는 불안감에 마음껏 쉬지도 못하고, 손에서 책을 놓지도 못한 채 잠이 들었다.

지수는 그렇게 3번의 시험에 떨어진 후 4번째 시험에서 합격하게 되었다.

---

1) 교사가 되기 위해 힘든 과정을 거친 만큼 존중해야 한다는 의미가 아님.

2) 예화를 통하여 학생들이 매일 만나는 선생님을 포함한 누구라도 자신의 꿈을 이루기 위해 남들이 모르는 고통과 노력이 있었음을 전하며 자연스럽게 그 노력을 인정하고 존중하도록 만듦.

행복한 교사를 그만두고 싶은 지수

드디어 지수는 서울의 A 중학교로 첫 발령을 받았다. 신규 교사이기에 담임을 내년부터 맡게 되어 무척이나 아쉬웠다.

지수는 하루빨리 학생들을 만나 그동안 학교에서 열심히 배웠던 것을 재밌게 가르쳐주고 싶었다.

학생들도 처음 온 선생님을 신기하게 쳐다보며, 많은 관심을 보였다. 특히 남학생들은 호기심에 가득 찬 눈빛으로 선생님을 바라보았다.

하지만 3개월이 지난 지금은 점점 학교 오기가 싫고, 교실에 들어가는 것이 두려운 자신을 발견하게 되었다.

교실에 들어가면 쉬는 시간처럼 그대로 떠들거나 장난치고 있으며, 조용히 자리에 앉으라고 해도 무시하고 더 큰 소리로 떠들었다.

남학생들은 여교사인 지수에게 성적 수치심을 느낄 수 있는 질문을 던져 당혹스럽게 만들었다.

또한 계속 엎드려 잠을 자는 학생을 깨우면 교사에게 들릴 정도로 욕을 하는 경우도 있었다.

그 밖에 청소 시간 도망가기, 수업 시간에 화장실 마음대로 다녀오기, 자리 마음대로 바꿔 앉기, 매점에서 늦게 오기, 부모님께 알렸더니 왜 말씀드렸냐고 오히려 따지면서 화내는 등 도저히 감당이 안 되어 남몰래 많이 울었다.

그동안 교사가 되기 위해 힘든 과정을 이겨내며 여기까지 왔는데, 교사를 그만두고 싶다는 생각을 하니 너무 억울하고 화가 났다. 또한 다른 선생님들은 수업을 잘하는데 내가 못해서 그런 것 같은 생각에 자존심도 상하고, 이제는 잘할 수 있을 것 같다는 자신감도 잃어버렸다.

---

1) 교권침해가 발생하면 학교폭력 문제와 같이 가해자와 피해자가 나누어지는데 교권침해 문제인 만큼 가해자는 학생이 되고, 피해자는 교사가 됨.
2) 학교폭력과 같이 피해자가 학교를 떠나고 싶어 하는 상황이 발생함.
3) 앞의 예화를 이어 설명하며 한 사람의 어렵게 이룬 꿈이 누군가의 잘못으로 영원히 잃어버리게 될 수 있음을 알려줌. 실제 명예퇴직 및 휴직하는 교사 증가함.

세계적인 축구선수를 꿈꾸는 민수

어릴 때부터 축구를 좋아하고, 축구를 잘해서 나중에 손흥민 선수처럼 멋진 축구선수가 되고 싶은 민수. 그래서 초등학교 때 축구부에 들어가 선수 생활을 시작했다.

선수 생활은 힘들었다. 새벽에 일찍 일어나 운동장을 돌며 하루를 시작하면, 학교에서 수업 시간에는 힘들어 졸다 깨다를 반복했다.

민수는 점점 수업 시간을 따라가지 못하게 되어 시험도 망쳤다.

결국 운동에만 전념하고, 축구에 내 인생을 걸기로 마음먹었다.

축구부 생활은 힘든 훈련뿐만 아니라 선배들과의 합숙 생활도 쉽지 않았다.

선배들이 시키는 심부름은 막내인 내 몫이었다. 또한 코치, 감독님의 무서운 호통도 참아내야 했다. 경기 중 실수라도 하면 그날은 눈물이 쏙 빠지도록 혼이 나고 단체 기합을 받았다. 하지만 내 유일한 꿈을 이루기 위해 그 어떤 고통도 참아내기로 했다.

그러던 어느 날부터 내 인내심에도 한계가 온 것 같았다. 이유는 선배들 중 A가 나를 유난히 괴롭혔다. 나한테 체력이 약하다며 운동장을 뛰게 했고, 남몰래 구타를 당하기도 했다.

나는 그 선배를 볼 때마다 두려움이 생겼고, 점점 자신감을 잃어 축구를 할 때도 제대로 실력 발휘가 되지 못했다. 그러면서 좋아하던 축구가 재미없게 느껴졌고, 부상도 겹치면서 경기에서도 주전이 되지 못해 결국 원하는 팀에 들어가지 못했다.

결국 내가 꿈꾸던 세계적인 축구 선수도 되지 못하고, 남들처럼 공부해서 대학도 들어가지 못해 취업하기도 막막한 현실이 되었다. 나는 내 꿈과 인생을 망친 A 선배가 너무나도 밉고 싫었다.

1) 교권침해는 수업을 하는 교사가 직접적 피해자가 되지만 간접적 2차 피해자는 같은 반 친구들이 될 수 있음.
2) 예화를 통해 한 사람의 꿈이 누군가의 잘못으로 사라지게 될 수 있음을 알림.
3) 예화에 나오는 등장인물, 사건 모두 허구임을 밝힘. (실제가 아님)

아이돌 가수가 되고 싶은 혜림

평소 아이돌 가수가 되기 위해 댄스 동아리에 들어가 춤과 노래를 연습하던 혜림이는 길을 가던 중 자신을 연예기획사 팀장이라고 소개한 남성으로부터 명함을 받으며 오디션 제안을 받는다.

혜림이는 드디어 자신의 꿈이 이루어질 수 있다는 생각에 부푼 마음으로 오디션을 보러 가게 되었고, 오디션에서 합격한 후 연습생 생활을 하게 된다.

자신이 속한 기획사는 비록 유명한 기획사가 아니었지만 자신의 재능을 알아봐 주고 인정해준 기획사 사장님과 팀장님이 고마웠고, 그래서 더욱 열심히 하기로 했다.

그러던 어느 날 팀장님이 나를 부르더니 요즘은 가수들도 연기를 해야 한다면서 연기를 가르쳐 주겠다고 했다. 그러면서 조금씩 내 몸을 더듬기 시작했는데 나는 싫다고 말하기 어려웠다.

내가 싫다고 하면 나에게 기회를 주지 않을 것만 같았기 때문이다.

하지만 점점 더 노골적으로 성추행을 당하면서 나의 힘들어하는 모습을 부모님이 보셨고, 왜 그런지 물어보셨을 때 나는 울면서 사실대로 말씀드렸다.

부모님은 기획사 팀장을 경찰에 신고했고, 나는 그때의 충격으로 이제 가수가 되고 싶은 꿈을 접게 되었다.

---

1) 교권침해는 교사에 대한 성폭력(성희롱, 성추행)도 해당됨.
   특히 여교사 신체를 몰래 촬영하여 본다거나 언어적으로 성희롱 하는 말, 음란한 행위를 하는 경우는 징계나 처벌의 수위가 높다는 것을 알려줌.
2) 예화를 통해 한 사람의 꿈이 누군가의 잘못으로 사라지게 될 수 있음을 알림.
3) 예화에 나오는 등장인물, 사건 모두 허구임을 밝힘. (실제가 아님).

원하는 대학을 가기 위해 열심히 공부하는 동준

한국 고등학교에 입학한 동준이는 중학교 때 열심히 공부하지 않았던 것을 후회하며, 고등학교 때는 열심히 공부해서 원하는 대학을 가고자 마음먹었다. 그래서 수업 시간에는 선생님 말씀에 집중하고, 교과서와 노트에 필기도 빠짐없이 했다. 몸은 피곤하지만 주말에는 학원도 다니면서 학교에서 부족한 부분을 채우려고 했다. 그러면서 문제집을 풀 때마다 자신의 실력이 점점 늘어간다는 것을 느낄 수 있었다. 처음으로 중간고사를 기다리기 시작했다. 빨리 내 성적을 알고 싶었기 때문이다.

그렇게 한 달이 지났을 무렵 조금씩 반 분위기가 이상해지기 시작했다. 처음에는 학생들이 조용하고, 선생님 말씀도 잘 들었던 것 같은데 이제는 조금씩 떠드는 애들이 생기기 시작했고, 특히 나이가 많은 수학 선생님 시간에는 대놓고 장난치거나 농담하며 수업을 방해하는 일이 생기기 시작했다.

하지만 선생님은 조용히 하라고만 할 뿐 더 이상 그 애들을 막을 순 없었다. 애들도 선생님의 쩔쩔매며 당황하는 모습이 재밌는지 같이 웃으며 오히려 옆에서 거드는 애들도 생겨났다. 선생님도 이제는 포기하셨는지 애들이 떠들어도 조용히 하라는 말씀도 하지 않으시고, 혼자 칠판에 문제만 풀다 나가신다. 나는 정말 화가 나고 짜증이 났다.

우리 반에 하필 저런 애들이 와서 다른 애들 공부도 못하게 방해만 하는지⋯ 그리고 선생님들은 왜 저런 애들을 그냥 두시는지⋯. 내가 나서서 조용히 하라고 말하고 싶지만 그러면 잘난 척한다고 왕따 당할 것 같고⋯ 점점 수학 시간뿐만 아니라 다른 수업시간에도 이런 분위기가 만들어지면서 처음 한 달 동안 품었던 대학의 꿈은 점점 시들어져만 갔다.

1) 교권침해로 인해 공부를 하는 학생의 학습권도 침해당할 수 있음.
2) 예화를 통해 자신의 말과 행동이 다른 사람에게 어떤 영향을 줄 수 있는지 되돌아볼 수 있도록 함.

생각해보기

1. 나의 친한 친구나 가족이 이야기의 주인공이라면 내 마음은 어떠할까요?

2. 내가 만약 학급에서 선생님과 친구들을 방해하는 학생이라면 친구들은 나를 어떻게 생각할까요?

3. 나로 인해 누군가의 꿈이 이루어질 수 없다면?

4. 교권침해로 인해 많은 선생님들이 퇴직을 고민하고 있는 문제에 대해 어떻게 생각하나요?

5. _____

6. _____

소감 나누기

멘트	준비사항 및 메모
오늘 프로그램을 마칠 시간이 되었습니다. 프로그램 참여하면서 들었던 생각이나 느낌을 같이 나누고 마치겠습니다. 혹시 먼저 이야기하고 싶은 학생 있나요?	

1) 발표하는 학생이 없다면 지도자가 먼저 소감을 말하면서 자연스럽게 유도할 수 있음.

2) 발표하는 모든 학생에게는 긍정적인 피드백을 전해주고, 박수와 사탕을 선물로 줌.

3) 다음 회기에 대한 예고를 하면서 인사함.

4) 가능하면 쉬는 시간을 넘기지 않도록 주의함.

5) 다음 시간 시작 전 책상을 모둠별로 앉도록 안내함.

평화로운 우리 반

- 존중·공감·대화 -

5단계는 교권침해 없는 평화로운 학교와
학급을 만들기 위해 필요한
3가지(존중 · 공감 · 대화)를 제시한다.

또한 5단계는 마지막 6단계를 위한 과제를 제시한다.

과제는 며칠 사이에 완성되기 어려울 수 있으므로
상황에 따라 5단계 전에 미리 제시할 수도 있다.

리마인드 (4)

멘트	준비사항 및 메모
여러분 잘 지냈나요? 지난 시간과 마찬가지로 3가지 약속과 알아차리기를 떠올려보겠습니다. 3가지 약속을 기억하나요? 첫째, 존중하기 - 토킹스틱 사용하기 둘째, 폭력 사용하지 않기 - 상처주지 않기 셋째, 신뢰하기 - 비밀 지키기, 나쁜 소문내지 않기 다음으로 「깨·알」 같은 재미를 기억나나요? 여러분이 지금 무엇을 느끼는지, 생각하는지, 하고싶은 것이 무엇인지 깨달아(깨어나) 알아차리는 것입니다. 오늘도 시작하기 전 「깨·알」훈련 먼저 해보겠습니다. 잠시 눈을 감아보겠습니다. (3분간 실시)	

복습 퀴즈

멘트	준비사항 및 메모
지난 시간 우리가 무엇을 배우고 익혔는지 알아보기 위해 퀴즈를 내겠습니다. 정답을 아는 학생들은 자신의 모둠명을 말하며 손을 들어주세요.	

1. 교권침해가 발생하면 선생님은 학생들을 미워하는 마음이 들기도 하지만 한편으로는 제자이기 때문에 미워할 수 없어 괴로워합니다.
   이렇게 두 가지 상반된 마음이 동시에 존재하는 것을 무엇이라고 할까요?

2. 교권침해로 인해 선생님뿐 아니라 같은 반 친구들도 피해를 입습니다.
   친구의 수업 방해 때문에 내가 원하는 공부를 제대로 하지 못했다면 나의 무슨 권리를 침해한 것일까요?

3. _____

4. _____

5. _____

존중하기

멘트	준비사항 및 메모
이번 시간에는 '교권침해'를 예방하기 위해 필요한 것 중에서 '존중'을 생각해보겠습니다. 우리는 그동안 '존중'을 배우기 위해 '토킹스틱'을 사용해 왔습니다. '토킹스틱'을 사용하는 이유는 서로 발표하려 할 때 스틱을 들고 있는 사람에게 먼저 기회를 주고, 다른 사람은 기다리며, 경청하겠다는 뜻이 담겨 있습니다. 선생님이 들려주는 '상처받은 포돌이', '왕자와 거지' 이야기를 듣고 주인공의 마음은 어떨지 생각해보세요. 그리고 존중의 반대는 '무시'입니다. 평소 선생님과 친구를 무시했던 경험은 없는지 생각해보고, 학교에서 존중하는 마음을 어떻게 표현할 수 있는지 발표해보겠습니다.	

1) 그동안 사용해왔던 '토킹스틱' 의미를 한 번 더 이야기하여 상기시켜줌.

2) '상처받은 포돌이', '왕자와 거지'를 들려주어 등장인물의 마음을 공감하고 이야기해 보는 시간을 갖도록 함. (저학년은 공감의 의미 설명)

3) 학교에서 존중의 마음을 행동으로 나타낼 수 있는 경우를 찾아보고 발표해 봄.

상처받은 포돌이

초등학교 2학년 지인이의 아빠는 경찰이시다. 그런데 오늘 아침 아빠가 지인이에게 학교에서 보자고 하시면서 일찍 출근하셨다. 지인이는 아빠가 학교에 무슨 일로 오시는지 알 수 없었다.

평소처럼 아침 식사를 하고 학교를 갔는데 오늘따라 학교 앞에 사람들이 많이 있었다.

선생님들도 나와 계시고, 경찰차도 보였다. 현수막에는 '학교폭력 신고전화 117'이라는 글씨가 쓰여 있었다. 그리고 자세히 보니 교문 앞에 포돌이와 포순이 인형을 쓴 경찰이 학생들에게 손을 흔들며 인사를 하고 있었다.

나중에 알고 보니 오늘 아침 교문 앞에서 경찰 아저씨들이 학교폭력 예방 캠페인을 하고 있었던 것이었다.

지인이는 아침에 아빠가 했던 말이 생각이 났고, 아빠가 어디에 계신지 찾아보았다.

기념품을 나눠주는 경찰도 아니고, 현수막을 들고 있는 경찰도 아니었다. 아빠는 없었다.

'혹시 포돌이?' 그런데 그 순간 우리 학교에서 말썽꾸러기로 유명한 정태와 민수가 포돌이 뒤에서 인형 뒤통수를 세 개 때리고 도망가는 것이었다. 조금 있으니까 다른 학생들도 똑같이 포돌이와 포순이 뒤에서 머리를 세게 때리고 도망가는 장난을 하는 것이었다.

이 모습을 지켜본 지인이는 너무 화가 나고, 속상했다. '우리 아빠도 다른 경찰 아저씨들처럼 멋있게 옷을 입고 있었으면 좋았을 텐데…' 지인이는 반갑게 인사하는 포돌이를 못 본 척하고 교실로 뛰어갔다.

---

1) 이야기에 나오는 등장인물(지인이, 아빠)의 마음은 어떠할까요?

2) 지인이 아빠는 왜 포돌이 옷을 입고 학교에 갔을까요?
   ☞ 초등학생들에게 친근한 이미지로 다가가 학교폭력 예방 캠페인을 하기 위함.

3) 아이들은 왜 포돌이를 때리고 도망갔을까요?
   ☞ 인형을 쓰고 있기 때문에 자신을 보지 못할 거라는 생각과 우습고 만만하게 생각했기
      때문

4) 학교 선생님이 지인이 아빠와 같이 학생들에게 다가간 적은 없었나요?

왕자와 거지

영국의 왕 헨리 8세의 아들로 태어난 에드워드 왕자와 거지 술 중독자의 아들로 태어난 톰은 우연한 기회에 만나 닮은 서로의 모습을 보고 깜짝 놀란다. 이후 서로의 생활에 흥미를 느껴 옷을 바꿔 입게 되고, 거지 옷을 입은 에드워드 왕자는 궁전에서 쫓겨나 술에 취한 톰의 아버지에게 붙잡혀 집으로 끌려가게 된다.

에드워드는 자신이 톰이 아니라 왕자라고 말했지만 아무도 믿어주지 않는다.

궁전에 남은 톰은 자신이 왕자가 아니라 거지라고 말했지만 궁전에서는 왕자가 정신이 이상해졌다고 생각했다.

에드워드는 숱한 우여곡절 끝에 새로운 왕의 대관식에 나타나게 되고, 자신이 진짜 왕이라고 말한다. 톰 역시 에드워드가 왕자라고 밝히지만 사람들은 서로 닮은 두 사람 중에서 누가 진짜 왕인지 모르겠다며 에드워드의 말을 믿어 주지 않는다.

결국 행방이 묘연했던 옥새가 어디 있는지 에드워드가 말하며 영국의 국왕으로서 왕관을 쓴다.

1) 이야기에 나오는 등장인물(왕자, 거지)의 마음은 어떠할까요?

2) 왕자는 사람들이 자신을 거지 취급했을 때 어떤 마음이었을까요?

3) 사람들은 왜 왕자를 때리고 함부로 대했을까요?
   ☞ 진짜 왕자(정체)임을 몰랐기 때문에

4) '왕자와 거지' 이야기에서 교권침해 문제 해결 방법을 생각해본다면 무엇일까요?

HERE & NOW

멘트	준비사항 및 메모
교권침해를 예방하기 위해 필요한 것은 '공감'입니다.	
앞 시간에 선생님과 친구들의 마음이 어떠한지 알아봤는데, 우리는 상대방의 감정을 머리로만 알고 넘어가는 것이 아니라 가슴으로 느낄 수 있어야 합니다.	
상대방의 감정을 우리가 마음으로 느끼기 위해서는 우리의 무뎌진 감정을 민감하게 반응하도록 훈련을 해야 합니다.	
그 방법 중 하나로 지금 이 순간 느껴지는 감정이 어떤지 눈을 감고 조용히 느껴보겠습니다.	
혹시 내가 느끼는 감정을 어떻게 표현해야 할지 모르는 학생이 있다면 감정단어를 참고하며 이야기해보세요.	
이것은 우리가 지금까지 해왔던 「깨·알」훈련과 비슷한 것인데, 「깨·알」훈련과 다른 점이 있다면 생각이나 감각 이외에 감정(마음)에 조금 더 집중해보는 것입니다.	

1) 공감은 교권침해를 예방할 수 있는 중요한 키워드임.
   공감을 잘 하려면 자신의 감수성을 발달시켜 외부 자극에 대해 민감하게 느낄 수 있어야 함.

2) 감수성 발달을 위해 지금-현재 상황에서 느껴지는 자신의 감정을 알아차리고, 그것을 적절한 감정단어로 표현하는 것을 연습해야 함.

3) 이것은 지도자가 먼저 시범을 보이면서 학생들의 반응을 이끌어 내야 함.
   또한 학생들의 감정표현을 듣고, 자연스럽게 피드백을 해주며, 다른 학생들도 참여할 수 있도록 유도함.
   "지금 선생님의 마음은 고요합니다."
   "선생님은 여러분이 아무것도 느끼지 못했다고 말할 것 같아 걱정스런 마음입니다."
   "선생님의 마음을 표현했는데, 여러분의 마음은 어떤지 궁금합니다."
   "자신의 마음을 솔직하게 표현해주고, 적극적으로 참여해주니 고마운 마음이 느껴집니다."

감정단어
지금 나의 기분을 정확히 표현한 단어는 무엇일까요?

편안한	따뜻한	반가운	흥미로운
행복한	느긋한	자랑스러운	궁금한
신나는	기대되는	감사한	통쾌한
사랑스러운	감동한	재미있는	다정한
뿌듯한	만족스러운	든든한	열중한
지루한	부끄러운	수줍은	창피한
답답한	짜증나는	서운한	마음이 아픈
긴장된	무서운	지친	걱정스러운
불안한	외로운	실망스러운	화가 난
미안한	괴로운	불쾌한	후회스러운
귀찮은	기쁜	흥분된	안정된
심란한	미운	명확해진	자신 있는
무관심한	피곤한	가슴 뭉클한	활기찬
슬픈	억울한	우울한	생기 있는
감격스러운	불편한	속상한	편안한
질투가 나는	놀란	겁나는	안심되는

의사소통

멘트	준비사항 및 메모
우리는 의사소통을 할 때 말로 하는 언어적 의사소통만을 생각하기 쉬운데, 연구 결과에 따르면 비언어적 의사소통이 65~75%를 차지한다고 합니다. 예를 들면 몸짓, 표정, 말투, 자세, 목소리 등을 통해 더 많은 메시지를 주고받는 것입니다. 우리가 학교에서 나누는 대화 중 비언어적 의사소통으로 인해 오해와 갈등이 생기는 경우를 알아보고, 함께 이야기 나눠보겠습니다.	

1) 비언어적 의사소통: 언어를 사용하지 않지만 상대방에게 정보를 전달하는 가장 기본적인 형태

2) 교권침해의 경우 학생들이 예의에 어긋난 말투와 태도, 자세 등을 보임으로써 말의 내용이나 사실과 상관없이 교사는 기분이 상하여 정상적인 의사소통이 단절되는 경우가 많음.

3) 학생들이 교사에게 예의를 갖추고 바른 태도로 의사소통하는 것이 중요하지만 교사 역시 학생들의 태도와 자세에만 신경이 쓰여 대화 내용을 무시하는 잘못을 범하면 안 됨.

비언어적 의사소통의 잘못된 예

상황 1) 선생님과 대화할 때 주머니에 손을 넣거나 팔짱을 낀 채 말하는 경우

> 선생님의 생각: 버릇이 없네. 내가 교사이고 어른인데 나를 무시하나?
>
> 선생님의 마음: 불쾌함. 거부감 (대화하기 싫음)

상황 2) 선생님이 질문하셨을 때 대답 없이 고개만 흔드는 경우

> 선생님의 생각: 뭐라고 하는 거야? 말을 못하는 건 아닌데 왜 대답을 안 하지? 무시하나?
>
> 선생님의 마음: 불쾌함. 짜증남.

상황 3) 수업 중 엎드려 자는 학생에게 일어나라고 깨웠더니 인상을 찡그리며 혼잣말을 하는 경우

> 선생님의 생각: 지금 나한테 욕을 한 건가? 수업 시간에 자는 것도 잘못한 것인데 좋은 말로 깨워줬더니 오히려 화를 내? 자신이 무엇을 잘못했는지도 모르나?
>
> 선생님의 마음: 화남. 오히려 괜히 봐줬나 싶은 억울함. 욕을 들은 것 같아 당황스러움

상황 4) 선생님께 질문할 때 목소리를 높이거나 따지는 말투로 물어보는 경우

> 선생님의 생각: 이게 질문이야? 대드는 거야? 왜 나한테 화를 내는 거야? 버릇이 없네.
>
> 선생님의 마음: 당황스러움. 화남.

---

1) 한국의 전통과 문화로 인해 발생하는 것으로 외국과 차이가 있음.

2) 양해의 표현: 최소한의 예의를 지키고, 상대를 존중하는 말을 평상시 자주 사용하도록 알려 줌.
"죄송하지만~", "실례지만~", "감사합니다."
Please, Excuse me, Would mind, Thank you, I'm Sorry.

3) 청소년의 경우 미성숙하여 사회적 의사소통에 어려움을 겪을 수 있음. 상황의 맥락이나 분위기, 상대방의 의도와 감정을 알아차리지 못하고, 귀로 들은 말을 글자 그대로 받아들여 판단, 해석하는 경우는 오해와 갈등을 유발하게 됨. 교사는 시간이 걸리더라도 차분히 설명하여 교육할 필요가 있음.

선생님이 잘못한 경우

멘트	준비사항 및 메모
교권침해는 학생 잘못으로만 나타나는 것은 아닙니다. 선생님들도 교육할 권리를 보호받기 위해서는 의무와 책임을 다해야 합니다. 그런데 일부 그렇지 못한 선생님들이나 인간적으로 실수한 선생님들에게는 학생들도 불만을 가지고, 이야기 할 수 있습니다. 그러면 어떻게 하는 것이 현명한 해결책일까요? 두 사례를 통해 알아보겠습니다.	

1) 학생들에게 교권침해 예방 교육이나 프로그램을 실시하면 자칫 학생이니까 무조건 선생님들 말을 잘 듣고, 함부로 대들면 안 된다는 식으로 메시지가 전달될 수 있음.
   그렇지만 실제로 교사의 잘못(무책임, 부도덕함 등)으로 학생들이 자연스럽게 가진 불만을 표현하는데 그것이 교권침해로 보일 수 있음.

2) 따라서 선생님이 잘못한 경우는 어떻게 행동하는 것이 바람직한지 생각해보고, 이야기를 나눠보도록 함.

선생님이 잘못할 경우는 어떻게 할까?

사례 1) 선도위원회 대신 오리걸음 시키는 선생님

○○중학교 A군은 친구 B군과 함께 점심시간 학교 담장을 넘어 편의점에서 라면을 먹고, 돌아오는 길에 담배를 피웠다. 그리고 왔던 길로 다시 되돌아가려는데 그만 학생부장 선생님께 걸리고 말았다.

학생부장 선생님은 두 사람의 귀를 잡아당기며 운동장으로 끌고 가 오리걸음과 운동장 5바퀴 돌기, 엎드려뻗치기 등을 시켰다.

그렇게 벌을 받던 A군과 B군은 몰래 학교 밖으로 나가 사 먹고 담배를 피운 것은 잘못한 행동이라고 인정하지만 오리걸음, 운동장 돌기, 엎드려뻗치기는 너무 심했다는 생각이 들어 화가 났다.

그래서 엎드려 있다가 일어나 선생님께 못하겠다고 말했고, 선생님은 오히려 잘못한 놈들이 대든다고 더 화를 내셨다.

사례 2) 스쿨 미투(# ME TOO)

○○고등학교 C교사는 D여학생에게 안마를 해주겠다고 하면서 어깨를 만졌다. 그리고 방과 후 미술실로 따로 불러 그림을 지도해주겠다고 하며 가까이 앉아 신체가 닿을 때도 있었다. D학생은 그럴 때마다 부끄럽고, 수치심이 들었지만 누구에게도 말하기 어려웠다. 어느 땐 자신에게 친절하게 대해주시고, 시간을 따로내어 개인적으로 지도해 주신 고마운 선생님인데 괜히 오해하는 것은 아닌지 혼란스러웠다.

하지만 그런 만남이 많아질수록 불편한 마음은 커지고, 밤에 잠도 잘 못 자는 등 괴로운 날들이 계속되자 죽고 싶은 마음도 들었다.

어느 날은 용기를 내어 선생님께 더 이상 개인지도 받지 않겠다고 하자, 화를 내시며 불쾌한 표정을 지으셨다.

나중에 C교사는'얼굴은 통통한데 각선미가 예쁘다., '몸매가 아줌마 같다.'는 등 학생들의 외모를 지적하고 허리를 만지면 살이 쪘는지 안다며 허리를 만지는 등 추행한 혐의로 교육청에 신고를 당하였다.

생각해보기

1. 선생님이 선도위원회를 거치지 않고 체벌을 통해 교육한다면 어떻게 해야 할까요?

2. 선생님에 대한 미움을 자살시도나 허위 신고로 해결하는 것은 잘못된 결과를 가져옵니다.

   (실제 사건)

   이럴 땐 어떻게 해결해야 할까요?

3. 선생님이 분명한 잘못을 하셨을 때, 어떻게 해야 교권침해로 오해받지 않고, 학생의 입장을 전달할 수 있을까요?

4. _____

5. _____

나-전달법

멘트	준비사항 및 메모
여러분은 나이가 어린 학생이기 때문에 선생님께 자기 의사 표현을 솔직하고 명확하게 하는 것을 어려워합니다. 앞에서 나눈 이야기처럼 단지 내 생각을 솔직하게 말한 것뿐 인데 오히려 버릇이 없다고 하거나 대든다고 오해를 받는 경우가 생기기도 합니다. 그래서 선생님이 잘못하신 경우에도 따지거나 비난하지 않고 선생님의 잘못된 행동과 그에 대한 결과가 나에게 미친 영향(감정)을 효과적으로 전달해주는 방법인 '나-전달법', 'I-Message' 를 배워보도록 하겠습니다.	

1) '나-전달법'은 교과 수업이나 학교폭력예방교육, 상담 시간 등을 통해 많은 학생들이 배워서 알고 있을 것으로 예상됨.

2) 하지만 이것을 실제로 어떻게 사용하는지 모르거나 알아도 사용하지 않기 때문에 그 효과 를 얻기 어려움.

3) 학생들의 이해를 돕기 위해 교권침해 상황(교사와 학생 사이 대화)을 구체적인 사례로 제시 하고, 지금-여기에서 지도자가 프로그램에 참여하는 학생과의 대화를 '나-전달법'으로 직접 사용하여 시범을 보이면 더욱 효과적임.

선생님께 '나-전달법'으로 말하기

사례 1) 선도위원회 대신 오리걸음 시키는 선생님

1단계 - 지금 대화할 수 있는지 여쭤본다.

"선생님 제가 지금 드릴 말씀이 있는데, 잠깐 시간 내주실 수 있으세요?"

2단계 - 사실을 객관적으로 말한다.

"선생님, 제가 점심시간에 몰래 나가 라면을 먹고, 담배를 피운 것은 잘못했습니다. 그런데 그것 때문에 운동장을 돌고, 엎드려뻗쳐를 하는 것은 잘못된 것 같습니다. 학생에게 체벌은 금지되어 있기 때문입니다."

3단계 - 감정을 말한다.

"몸도 힘들었지만 그 때문에 제가 잘못한 것은 잊어버리고, 화가 나고, 억울한 마음이 크게 듭니다."

사례 2) 스쿨 미투(# ME TOO)

1단계 - 지금 대화할 수 있는지 여쭤본다.

"선생님 제가 지금 드릴 말씀이 있는데, 잠깐 시간 내주실 수 있으세요?"

2단계 - 사실을 객관적으로 말한다.

"선생님께서 저를 위해 늦게까지 남아 개인지도 해주시는 것은 감사하지만 선생님은 남자고, 저는 여자인데 늦은 시간 둘 만 있는 것은 이상한 소문이 날 것 같아요. 그리고 부모님도 일찍 들어오라고 하셨어요."

3단계 - 감정을 말한다.

"만약 선생님과 이상한 소문이 나면 부끄럽고, 창피해서 학교를 못 다닐 것 같아요. 늦게 갈 때는 무섭기도 하고, 가끔 제 몸에 선생님 손이 닿을 때마다 깜짝 놀라며, 수치심에 부끄럽기도 했거든요."

미션 제시하기

멘트	준비사항 및 메모
다음 단계가 마지막 시간이기 때문에 여러분이 직접 참여하여 만들고 수행하는 시간으로 꾸며볼까 합니다. 여러분의 모둠이 3가지 미션 중 한 가지를 선택하여 일주일 동안 만들고, 다음 시간에 발표를 하는 것입니다. 첫 번째는 상황극 만들기입니다. 학교에서 교권침해가 일어나는 상황을 5분 정도 만들어 보여주는 것입니다. 또는 교권보호위원회가 열리는 상황입니다. 교권보호위원회는 여러분이 잘 모르기 때문에 시나리오를 예시로 보며 참고하면 됩니다. 두 번째는 교권침해 예방 캠페인 송을 만들어 부르는 것입니다. 누구나 알만한 동요나 가요 중에서 하나를 골라 가사를 개사하여 부르면 성공입니다. 예시는 「얼굴 찌푸리지 말아요」를 바꿔서 부른 노래입니다. 같이 한번 불러볼까요? 세 번째는 모둠별로 교권보호 공익광고 만들기입니다. 여러분이 투표하여 가장 많은 표를 얻은 조에게는 선물을 주도록 하겠습니다.	

1) 모둠별 과제를 일주일 전 미리 제시하고, 고민하여 준비할 수 있도록 함.

2) 마지막 미션은 선택할 수 없는 필수 사항으로 모두가 참여할 수 있도록 함.

3) 참여를 높일 수 있도록 담임교사나 교장, 교감 선생님 등이 발표 시간에 참관하실 수 있도록 함. (학생들에게도 미리 알림)

4) 마지막 시간은 간식과 선물을 준비하여 작은 축제(파티) 분위기로 진행함.

5) 교권침해 상황은 모둠 스스로 준비하되, 몇 가지 예시를 들어줄 수 있음.

6) 만약 3가지 미션을 모두 거부하는 분위기나 할 수 없는 상황이라면 6회기를 '교권침해 없는 우리 반 십계명', '교권보호 사행시', '교권침해 예방 포스터나 표어 만들기'로 구성한다. 포스터를 만들 경우 모둠별로 전지와 크레파스 등 그리기 도구를 준비한다.

소감 나누기

멘트	준비사항 및 메모
오늘 프로그램을 마칠 시간이 되었습니다. 프로그램 참여하면서 들었던 생각이나 느낌을 같이 나누고 마치겠습니다. 혹시 먼저 이야기하고 싶은 학생 있나요?	

1) 발표하는 학생이 없다면 지도자가 먼저 소감을 말하면서 자연스럽게 유도할 수 있음.

2) 발표하는 모든 학생에게는 긍정적인 피드백을 전해주고, 박수와 사탕을 선물로 줌.

3) 다음 회기에 대한 예고를 하면서 인사함.

4) 가능하면 쉬는 시간을 넘기지 않도록 주의함.

5) 다음 시간 시작 전 책상을 모둠별로 앉도록 안내함.

STEP 6

교권침해 OUT

상황극 만들기
교권침해 예방 캠페인송 만들기
교권보호 공익광고 만들기
교권침해 없는 우리 반 십계명
교권보호 사행시 짓기
교권침해 예방 포스터(표어) 만들기

6단계는 마지막 단계로
교권침해 없는 학교, 학급을 만들기 위한 실천(활동)
프로그램이다.

모둠별로 주어진 과제 중 하나를 선택하여
발표하는 시간이다.

즐거운 파티, 행복한 축제와 같은 분위기를 연출하여
프로그램을 수료한 모든 학생들을 격려한다.

미션 발표하기

멘트	준비사항 및 메모
오늘은 교권침해 예방 프로그램 마지막 시간으로 조별 발표가 있는 날입니다. 지난주 미리 제시했던 미션을 친구들 앞에서 보여주고, 함께 소감을 나누며 마무리하도록 하겠습니다. 그리고 특별히 여러분의 발표를 보기 위해 교장(감) 선생님과 담임 선생님, 여러 선생님들도 함께 와주셨습니다. 지난주 제시한 미션은 3가지였는데, 상황극 만들기와 캠페인송 만들어 부르기, 공익광고 만들기 중 하나를 선택하고 발표하는 것이었습니다. 모둠별로 준비한 것을 발표하겠습니다. 다른 친구들은 박수를 힘차게 쳐주면 좋겠습니다.	

1) 시간이 부족할 수 있기 때문에 빠르게 진행할 수 있도록 함.

2) 캠페인송을 준비한 경우 미리 곡목과 가사를 전달받아 반주음악(mr)을 틀어주고, PPT로 가사를 볼 수 있도록 함.

3) 발표회 진행(사회)을 학생이 한다면 더욱 의미가 있음.

4) 모둠 발표가 끝나면 반드시 한 사람씩 소감을 물어보고 마침. 특히 역할극을 한 경우 교사 입장에서 어떤 느낌을 받았는지 질문함.

교권침해 발생 상황 (예시)

상황 1) 수업 중 떠드는 학생에게 주의를 주는데 오히려 더욱 떠들거나 무시하는 경우 (혹은 폭언
　　　을 하거나 대드는 경우)

상황 2) 여자 선생님에게 성적인 질문이나 야한 농담을 하여 성적 수치심을 느끼도록 하는 경우

상황 3) 학부모가 수업 중 교실로 들어와 자녀의 문제로 따지는 경우

상황 4) 청소 시간에 엎드려 자고 있거나 휴대폰을 내지 않는 등 정당한 지시에 따르지 않는 경우

기타) 실제 있었던 일

교권보호위원회 (시나리오)

일시	2000. 0. 00.(목), 15:00 ~ 17:00
장소	○○학교 도서관
의안	수업 중 교사 교권(수업권) 침해
대상학생	홍길동
회의내용	**1. 개회선언** 지금부터 20**학년도 제1차 교권보호위원회를 개최하겠습니다. **2. 위원장 호선** ○○님을 위원장으로 추천합니다. 동의합니다. **3. 교권보호위원회 참석자 안내** 간사: 참석하신 위원을 소개해드리겠습니다. 학생안전부장님, 전문 상담선생님, 학부모 위원님, 외부 위원인 경찰관님께서 참석하셨습니다. **4. 교권보호위원회 개요 안내** 간사: 진행절차는 사안 보고 - 피해 측 확인 및 질의응답 - 가해 측 확인 및 질의응답 순이며, 발언을 하기 위해서는 먼저 동의를 구하고 발언권을 얻어 말씀해주십시오. 또한 욕설, 폭언, 폭행 등을 할 경우에는 퇴실조치 되며, 비밀유지는 의무입니다. **5. 사안 보고** 위원장: 이번 사안은 ○월 ○○일 ○요일 ○교시 ○학년 ○반 과학 시간에 교사는 엎드려 있는 학생을 발견하고 깨웠으나 학생은 아프다고 하면서 계속 엎드려 있었고, 그러면 보건실로 가서 요양을 하라고 했는데 계속해서 아무런 반응을 보이지 않아 수업 교사가 학생을 계속 깨우자 이에 학생은 욕을 하면서 선생님을 앞으로 밀쳤다고 합니다. **6. 교사 진술 및 질의응답** 위원장: 피해 교사인 과학 선생님의 이야기를 들어보겠습니다. 당시 상황과 교권보호위원회에 의뢰하신 이유, 요구 사항을 말씀해주세요. **7. 학생 진술 및 질의응답** 위원장: 홍길동 학생의 이야기를 들어보겠습니다. **8. 교원 관련 보호조치 및 관련자 선도 처리 방안 논의** 위원장: 이 사안에 대해 어떻게 하면 좋을지 의원님들께서 말씀해주시기 바랍니다. 그럼 제1차 교권보호위원회를 마치겠습니다.
의결사항	

교권침해 예방을 위한 캠페인송

모둠명: _____

<원곡>

제목: 얼굴 찌푸리지 말아요

얼굴 찌푸리지 말아요. 모두가 힘들잖아요.
기쁨의 그 날 위해 함께 한 친구들이
있잖아요.
혼자라고 느껴질 때면 주위를 둘러보세요.
이렇게 많은 이들 모두가 나의 친구랍니다.

우리 가는 길이 결코 쉽진 않을 거예요.
때로는 모진 시련에 좌절도 하겠지만
우리의 친구들과 함께라면 두렵지 않아
우리 모두 함께 손을 잡고
원! 투! 원투! 쓰리포!

얼굴 찌푸리지 말아요. 모두가 힘들잖아요.
기쁨의 그 날 위해 함께 한 친구들이
있잖아요.
혼자라고 느껴질 때면 주위를 둘러보세요.
이렇게 많은 이들 모두가 나의 친구랍니다.

<바꿔 부르기>

제목 : 평화로운 우리 학교
(교권침해 없는 우리 반)

선생님, 이제는 웃어요. 힘을 내세요!
교권침해 없는 우리 반 친구들이 있잖아요.
혼자라고 느껴질 때면 주위를 둘러보세요.
선생님 사랑하는 우리가 이렇게 응원합니다.

평화로운 학교 만들기 쉽진 않을 거예요.
때로는 모진 시련에 좌절도 하겠지만
우리의 친구들과 함께라면 두렵지 않아
우리 모두 함께 손을 잡고
공! 감! 존중! 화이팅!

선생님, 이제는 웃어요. 힘을 내세요!
교권침해 없는 우리 반 친구들이 있잖아요.
혼자라고 느껴질 때면 주위를 둘러보세요.
선생님 존경하는 우리가 이렇게 응원합니다.

※ 동요 「얼굴 찌푸리지 말아요」를 예시로 제시하고, 노래를 직접 들려주어 바뀐 가사로 따라 해 보도록 함. 동요이기 때문에 유치하다고 생각하는 고학년은 학생들 사이에 유행하는 아이돌 음악이나 랩 등을 활용할 수 있음.

교권보호 사행시 짓기

모둠명: _____

（교） _____

（권） _____

（보） _____

（호） _____

소감 나누기

멘트	준비사항 및 메모
오늘 프로그램을 마칠 시간이 되었습니다. 프로그램 참여하면서 들었던 생각이나 느낌을 같이 나누고 마치겠습니다. 이번 시간에는 선생님이 먼저 소감을 이야기 하겠습니다. 수료증은 이번 프로그램을 가장 열심히 참여한 MVP학생에게 대표로 수여하도록 하겠습니다.	

1) 그동안 지도자로서 프로그램을 운영하며 느낀 소감을 먼저 이야기 함.

2) 마지막 시간에는 거의 모든 학생들의 이야기를 들어볼 수 있도록 하며, 잔잔한 배경 음악을 들려주어 친구들의 이야기에 장난스럽지 않고 진지하게 경청할 수 있도록 함.

3) 소감을 다 듣고 난 후 수료증을 나눠줌. 수료증은 모든 학생에게 나눠줄 수 있지만 가장 프로그램에 열심히 참여한 MVP 학생을 선정하여 대표로 수료증을 줄 수 있음.

선생님께 쓰는 편지

제 - 호

수 료 증

소속:

성명:

위 학생은 교권침해 예방 집단 프로그램
「PRESENT」의 모든 과정을
성실히 이수하였기에
위 증서를 수여합니다.

20○○년 ○월 ○일

○ ○ 중 학 교

사후 설문지

번호	질문 (최근 한 달 동안)	척도				
		전혀 아니다	아니다	보통	그렇다	매우 그렇다
1	교권침해가 무엇인지 알고 있다.					
2	교권침해가 일어나면 어떻게 되는지 알고 있다.					
3	선생님이 힘들다고 느낀 적 있다.					
4	우리 반은 수업 시간에 시끄럽다.					
5	우리 반에서 최근 한 달간 학교폭력은 없었다.					
6	친구의 마음을 공감할 수 있다.					
7	나는 우리 반에서 친구들에게 무시를 당한 적 있다.					
8	선생님이 지시할 때 거부하거나 모른 척 한 적 있다.					
9	수업 중 친구와 이야기를 나누는 것은 괜찮다고 생각한다.					
10	선생님이 잘 모르거나 어른답지 못하다는 생각이 들면 무시하는 마음이 든다.					

▶ **인지능력:** 교권침해에 관하여 알고 있는 지식수준 (1, 2)
▶ **공감능력:** 교사와 친구의 마음을 공감할 수 있는 능력 (3, 6)
▶ **학교폭력:** 학교폭력의 유무 (5)
▶ **상호존중:** 교사와 친구들을 무시하는 태도 (7, 8, 10)
▶ **수업태도:** 수업에 임하는 태도 (4, 9)

※ 전혀 아니다 1점 ~ 매우 그렇다 5점
　　역채점: 4, 5, 7, 8, 9, 10

> 50 ~ 41점: 교권침해 없는 평화로운 학급
> 40 ~ 31점: 교권침해는 다소 있으나 노력하면
> 　　　　　 개선될 수 있는 학급
> 30 ~ 21점: 교권침해가 어느 정도 있으며 많은
> 　　　　　 노력이 요구되는 학급
> 20 ~ 0점: 전문적인 개입과 많은 노력이 요구됨

교사, 학교폭력의 또 다른 피해자

나는 학교 상담실에서 학생들의 고민을 들어주고 문제를 해결하기 위해 함께 노력하는 전문상담교사이다.

내가 전문상담교사로서 교권침해 문제에 관심을 갖게 된 이유는 학생들뿐 아니라 교사들 역시 고민과 스트레스가 상당히 크며, 그로 인해 제대로 된 교육과 업무가 이루어지지 않는 것을 가까이서 보게 되었기 때문이다.

그 고민과 스트레스의 원인 중 하나가 바로 교권침해인데, 단지 교사라는 직함과 성인이라는 이유만으로 어린 학생들에게 무작정 당하고만 있어야 하는 현실을 보면, 교권침해 문제는 학교폭력과 마찬가지로 반드시 사라져야 할 문제라고 생각한다.

실제 내가 근무했던 중학교에서도 3학년 담임을 맡고 있는 여교사가 상담을 요청해 만났다. 주된 내용은 학생들이 자신의 말을 따르지 않고, 최근에는 반항하는 모습도 보인다는 것이었다.

나는 이 문제가 처음엔 한두 명으로 시작했다가 점점 동조하는 학생 수가 늘어나고 있음을 직감적으로 알 수 있었고, 지금 당장 그 학급에 어떠한 조치를 취하지 않으면 나중에는 손쓸 수 없이 사태가 커질 수 있음을 느꼈다.

그래서 내가 제안했다.

"제가 그 학급에 들어가 학생들과 이야기를 나눠보면 어떨까요?"

담임교사는 고맙다고 하면서 일주일 뒤 시간을 마련하겠다고 하였다.

나는 담임교사와 이야기를 마친 뒤 여러 가지 생각이 들었다.

'가서 무슨 말을 하지?'

'괜히 한다고 했나?'

'고작 한 시간 이야기했는데, 효과가 있을까? 없으면 어쩌지?'

어쨌든 나는 일주일 동안 학생들과 만나 나눌 이야기 콘텐츠를 찾아 정리하는 작업을 하였다. 인터넷을 뒤지면 자료는 금방 찾을 수 있을 거라는 막연한 기대로 검색을 했는데, 놀라운 것은 아무것도 찾을 수 없었다는 것이다. 심지어 관련 서적도 인터넷 서점에는 볼 수 없었다.

'이제 어쩌지?'

'시간은 없는데… 그럼 만들어야겠다.'

그렇게 한 시간 동안 보여줄 교권침해 관련 기사, 동영상 등을 찾아 스토리로 만들어 PPT로 옮겼다.

그리고 그때 '교권침해 예방프로그램'을 제대로 만들어보자고 생각했다.

학교 현장에서 교권침해 문제가 일어났을 때 교사들의 반응은 이렇다.

"내가 할 수 있는 것은 아무것도 없어요."

"방법이 없는데 어떻게 하죠?"

이 프로그램이 교권침해 예방의 시작이 되어 앞으로 더 좋은 프로그램이 많이 만들어지길 바라고, 더 이상 학교에 교권침해로 힘들어하는 교사가 없기를 기대해본다.

끝으로 하나님과 우리 가족 모두에게 감사를 드린다.

2018년 강원도 영월에서

전문상담교사 유현우

교권침해 예방을 위한
교사 행동 지침

1. 선생님, 일단 제 말을 들어보세요!

☞ 학생이 하는 말의 내용과 태도를 구분하여 교육하라.

학생이 하는 말을 가만히 들어보면 틀린 말이 아닌 경우도 많다.

하지만 교사는 학생 말의 내용보다 눈에 보이는 태도가 거슬려 내용과 상관없이 더 많은 화를 내거나 잘못을 지적하게 된다.

이럴 경우 말의 내용에서 틀린 것이 없다면 학생의 말을 수용하고 인정해주는 것이 좋다. 그리고 말을 다 듣고 난 후에는 전하는 자세와 태도를 조금 더 공손하고 예의를 갖추어 전달하도록 교육하는 것이 효과적이다.

그렇게 되면 학생은 교사를 합리적이고 성숙한 어른으로 존중하게 될 것이다.

2. 제가 하는 말 무슨 뜻인지 아세요?

☞ 학생들이 즐겨 사용하는 말 특히 신조어, 유행어를 배우라.

요즘 학생들은 스마트폰을 자주 접하기 때문에 인터넷상에서 새롭게 만들어진 언어를 자연스럽게 사용하며, 유행어처럼 번지기도 한다.

그렇게 만들어진 신조어들은 표준어가 아니기 때문에 어른들은 모르는 경우가 많고, 학생들은 자신들이 하는 말을 교사가 못 알아들을 때 묘한 쾌감을 느끼며 웃음을 터트린다. 교사는 그런 상황에서 당황하거나 기분이 나쁠 수 있고, 학생들의 언어 문제를 지적하거나 거리를 두어 피하게 된다.

하지만 학생들이 사용하는 말의 뜻을 물어보거나 알아보면 욕이나 나쁜 뜻이 아닌 경우도 많다.

따라서 정확한 말의 뜻을 모른 채 괜히 성질을 부리는 이상한(?) 교사가 되지 않기를 바란다.

3. 선생님도 늦게 오시잖아요!

☞ 언행일치(言行一致)하라.

수업 종이 쳤는데 복도에 나와 떠드는 학생들에게 상담교사가 교실로 들어가도록 말한다. 그러면 학생들은 이렇게 말한다.

"○○(과목) 선생님은 괜찮아요."

"그게 무슨 말이야?"

"항상 늦게 들어오시니까요."

반대의 경우도 있다. 상담실에서 쉬는 시간 동안 놀다가 수업 종이 치면 재빨리 교실로 뛰어가며 하는 말 "○○(과목) 시간이다."

두 과목은 어떤 차이일까?

두 번째의 경우는 교사가 수업 시작 1분 전, 복도에 있는 학생들보다 일찍 교실에 들어가려고 뛰어가는 모습을 보았다. 마치 달리기 시합을 하는 것 같았다.

방금 전 수업을 마친 교사에게 쉬는 시간 10분은 매우 짧게 느껴질 것이다.

따라서 잠시 앉았다 전화라도 받게 되면 다음 수업 시간에 정확히 못 들어갈 수도 있다. 하지만 이런 경우가 자주 발생하거나 습관적으로 5분 정도 늦게 들어가는 경우라면 학생들로부터 어떤 평가를 받을지 생각해봐야 한다.

4. 선생님, 제 말이 틀렸나요?

☞ 학생들의 말대답은 뇌(지적) 성숙 과정의 증거이다.

심리학자 피아제의 이론에 의하면 청소년은 형식적 조작기로 추상적 사고, 사고 과정에 대한 사고, 가능성에 대한 사고, 가설 연역적 사고를 할 수 있게 된다. 이러한 인지적 특징으로 인해 청소년들은 정서, 행동, 태도상의 영역에서 변화를 경험하게 된다. 이러한 변화는 긍정적 측면도 있지만 부정적 측면도 있어서 세상의 결점과 논리적 모순을 발견하고 부모나 교사, 사회에 반항하는 모습을 보인다. 또한 현실적 문제를 고려하지 못하고 이상주의를 추구하게 되어 실제 장벽을 간과하게 되며, 자신과 타인의 사고와 감정을 구분하지 못하는 자아중심성을 부추길 수 있다. (청소년 심리학, 교육과학사, 2016)

따라서 교사는 청소년 시기 학생들을 대할 때 '학생이니까.', '규칙이야.'처럼 이해하기 힘든 이유보다는 충분히 납득할 수 있도록 논리적으로 설명해주어야 한다. 물론 세상 모든 일을 교사가 알 수도 없고, 논리적으로 설명할 수도 없다. 그러나 토론하는 과정 자체를 존중하고 인정해준다면 학생도 교사의 모습을 보며 상대를 존중할 것이다.

5. 선생님이 먼저 잘못하셨잖아요.

☞ 잘못을 인정하라.

교사도 잘못을 인정해야 한다는 말은 참으로 당연하다. 그렇지만 교사이기 때문에 학생 앞에서 자신의 잘못이나 실수를 인정하는 것이 더욱 어려울 수 있다. 개인의 자존심 때문일 수도 있고, 교사로서 지켜야 할 체면이나 권위 때문일 수도 있다.

하지만 나이가 어린 학생들에게 잘못을 인정하고 사과하는 모습은 변명하거나, 핑계 대는 비겁한 모습이 아니라 오히려 본받아야 할 모습으로 비춰질 것이다.

6. 선생님(수업)은 재미가 없어요.

☞ 사소한 장난은 받아주고, 농담에 웃어주는 여유를 가져라.

학생들에게 재미있고 유머러스한 교사는 인기가 많다. 인기가 많은 교사는 학생들을 강압적이지 않게 힘을 빼고 지도할 수 있다.

그런데 유머가 없는 교사도 있다. 그런 교사는 학생들의 농담이나 장난을 받아주지 못한다. 어느 때는 이해도 못 해서 당황해하거나 놀리는 것으로 생각하여 화를 내기도 한다.

아이나 어른이나 함께 웃을 때 기분이 좋아지고, 친밀감이 높아진다.

내가 학생들을 웃길 수 없다면, 학생들이 하는 농담에 웃어주고 장난에 속아 주는 지혜가 필요할 것이다. 물론 학생으로서 교사의 권위를 넘어서는 못된 장난에는 단호하게 대응하는 모습도 보여줘야 할 것이다.

7. 진짜 무슨 말인지 모르겠어요.

☞ 실력을 증명하라.

누군가 말했다. '교사는 수업으로 자신의 존재 가치를 증명해야 한다.'

아무리 공교육이 무너지고 사교육에 의존하는 현실이라고 해도, 과연 얼마만큼 잘 준비하고 효과적으로 전달하는지 생각해봐야 한다.

교사는 최선을 다해서 목이 쉬도록 소리쳐가며 가르치는데 학생들은 잠을 자거나 떠든다면, 100% 온전히 학생들 잘못이라고 할 수 있는가?

교사 입장에서는 억울하겠지만 학생들이 왜 자는지, 왜 떠드는지 생각해봐야 한다.

교사가 수업으로 학생들의 마음(신뢰)을 얻지 못한다면, 생활지도 영역에서도 인정받기 어려울 것이다.

8. 선생님은 우리한테 관심이 없어요. 우리 얘기를 안 들어주세요.

☞ 소통하라.

소통의 중요성이 이만큼 강조된 시기도 없었던 것 같다. 이제는 청와대에서 대통령과 국민이 소통하겠다고 말하는 시대에 살고 있다.

소통할 때 가장 중요한 것은 경청이라고 한다. 교사로서 학생들의 말에 얼마나 귀를 기울이고 들어주는지 생각해봐야 한다.

교사로서 바쁘고, 시간도 부족한데 학생들이 하는 사소한 이야기를 언제 다 들어줄 수 있겠냐고 따질 수도 있다.

진지하거나 심각한 내용은 당연히 잘 들어주실 것이다. 하지만 이런저런 사소한 말들은 무시하고 넘어가기 쉽다.

학생들이 하는 말은, 그 말대로 사소한 것일 수도 있다. 하지만 반대로 생각해보자. 학생들은 작은 이야기도 잘 들어주는 선생님께 진지한 고민을 털어놓을 수 있을 것이다. 그리고 그렇게 소통하는 선생님을 무시하거나 함부로 대하지 않을 것이다.

9. 선생님도 저 때리셨으니까 학교폭력으로 신고할 거예요.

☞ 학생과의 싸움은 무조건 피하라.

아무리 성숙한 교사라고 해도 순간적으로 학생이 대들거나 모욕적인 발언을 한다면 이성을 잃고 감정적으로 대응하게 될 것이다.

그것은 학생의 행동을 위협으로 인지하는 순간 인간의 뇌 가운데 가장 안쪽에 자리 잡아 생명 유지를 관장하는 파충류의 뇌(뇌간과 소뇌)가 작동하여 싸우거나 도망치기를 선택하게 되기 때문이다.

하지만 그럼에도 불구하고 교실에서 학생과 맞서는 상황, 특히 욕을 하거나 물건을 던지는 등의 몸싸움으로 이어질 수 있는 상황은 만들면 안 된다.

일단 자존심과 체면은 나중에 생각하고, 학생을 교실 밖 상담교사나 학생부 교사에게 보내어 분리시킨다. 그리고 수업을 마친 후 개별적으로 상담을 하여 문제를 해결하도록 해야 한다.

10. 선생님, 우리도 염색할 수 있어요?

☞ 시대가 변하고 있다.

'학생 인권'이란 말을 예전에 사용했던가? '교권침해'도 마찬가지다. 시대가 변화하고 있는 만큼 아이들도 변하고, 교육 현장도 변화하고 있다. 예전 방식만 고집한다면 교사의 권위는 더더욱 지켜지기 어려울 것이다.

위 내용은 교사와의 갈등을 겪고 있는 학생들을 상담하며, 참고하여 작성한 것임을 밝힙니다.

<부록 2>

교권침해 예방을 위한
이미지 트레이닝

교권침해 예방을 위한 이미지 트레이닝

남들에게만 일어날 줄 알았던 교권침해 문제가 갑자기 나에게 일어나면, 당황스러운 나머지 어떻게 해야 할지 몰라 제대로 처리하지 못하고 감정적으로 대응하거나 불필요한 모습을 학생들에게 보이는 경우가 많다.

그래서 자주 발생하는 교권침해 상황을 미리 상상해보고 적절하게 대응할 수 있도록 준비하면 도움이 될 것이다. 말과 행동, 감정표현 등 최대한 구체적으로 떠올릴수록 좋다.

상황 1) 수업 시간 늦게 들어오는 학생을 보며 야단을 치자 거짓말로 상황을 모면하려는 태도를 보일 때 어떻게 할 것인가?

상황 2) 수업 중 떠드는 학생의 이름을 불러 조용히 하도록 지적하자 왜 나만 가지고 그러냐면서 대드는 학생을 어떻게 할 것인가?

상황 3) 수업 중 엎드려 자는 학생을 깨웠더니 욕을 한다면 어떻게 할 것인가?

상황 4) 수업 중 소리를 지르거나 돌아다니는 등 도저히 통제할 수 없는 상황인 경우 어떻게 할 것인가?

※ 각자 본인이 처한 상황에서 일어날 수 있는 교권침해 문제를 떠올리며 연습해본다.

교권침해 관련 처벌 규정 및 처리 절차

1. 「형법」에 의한 처벌

- 제260조(폭행), 제261조(특수폭행)에 해당하는 폭행죄
- 제283조(협박)에 해당하는 협박죄
- 제257조(상해)에 해당하는 상해죄
- 제307조(명예훼손)에 해당하는 명예훼손죄
- 제311조(모욕)에 해당하는 모욕죄
- 제366조(재물손괴 등), 제369조(특수손괴)에 해당하는 재물손괴죄
- 제136조(공무집행방해), 제141조(공용서류 등의 무효, 공용물의 파괴),
- 제144조(특수공무방해)에 해당하는 공무집행방해죄
- 제313조(신용훼손), 제314조(업무방해)에 해당하는 업무방해죄

2. 「성폭력범죄의 처벌 등에 관한 특례법」에 의한 처벌

- 제11조에 해당하는 공중 밀집 장소에서의 추행
- 제12조에 해당하는 성적 목적을 위한 공공장소 침입행위
- 제13조에 해당하는 통신매체를 이용한 음란행위
- 제14조에 해당하는 카메라 등을 이용한 촬영
- 성 풍속에 관한 죄 등 적용(「형법」제22장)
- 강간과 추행의 죄 등 적용(「형법」제32장)

3. 「정보통신망 이용촉진 및 정보 보호 등에 관한 법률」에 의한 처벌

- 제44조7(불법정보의 유통금지 등)에 해당하는 불법정보유통죄
- 제70조(벌칙)에 해당하는 사이버 명예훼손죄

4. 「교원의 지위 향상 및 교육 활동 보호를 위한 특별법」에 의한 처벌

- 가해학생 및 가해학생 보호자에 대한 조치
  - 제18조(교육 활동 침해 학생에 대한 조치)
    ① 고등학교 이하 각급 학교의 장은 소속 학생이 교육 활동 침해행위를 한 경우에는 「학

교폭력예방 및 대책에 관한 법률」 제17조 제3항에 따라 교육감이 정한 기관에서 대통령령으로 정하는 바에 따라 특별교육 또는 심리치료를 받게 할 수 있다.

② 관할청은 제1항에 따른 특별교육 또는 심리치료에 해당 학생의 보호자도 참여하게 하여야 한다.

- 특별교육의 내용
  - 「교원의 지위 향상 및 교육 활동 보호를 위한 특별법 시행령」 제11조(특별교육 또는 심리치료) 법 제18조 제1항에 따른 특별교육 또는 심리치료는 대상자에 따라 다음 각 호의 내용을 포함하여야 한다.
    1. 학생: 자기 이해, 대인 관계 능력, 갈등 해결 능력 및 분노·스트레스 해소에 관한 사항
    2. 학생의 보호자: 학생 이해 및 학생 양육 시 바람직한 보호자 역할 수행에 관한 사항

- 학생 징계
  - 「초·중등교육법시행령」 제31조(학생의 징계 등)

    학교의 장은 교육상 필요하다고 인정할 때에는 학생에 대하여 다음 각호의 어느 하나에 해당하는 징계를 할 수 있다.
    1. 학교 내의 봉사
    2. 사회봉사
    3. 특별교육 이수
    4. 1회 10일 이내, 연간 30일 이내의 출석정지
    5. 퇴학처분 (단, 퇴학은 의무교육 단계에서는 허용되지 않음)

    ※ 교육 활동 침해 사안의 경중에 따라 학교선도위원회의 심의 후 학교장 결정에 의해 학내봉사, 사회봉사, 출석정지, 퇴학 등의 조치 가능함

    ※ 교육 활동 침해 학생에 대한 징계 중 '강제전학' 조치는 불가능하다는 판결(2016.10.31. 대법원)

5. 「소년법」에 의한 처벌

(* 교육 활동 침해 학생에 대해서는 반복성 및 죄질 등을 고려하여 학교장 통고를 통해 소년부 보호사건으로 처리 가능)

- 학교장 통고제

  - 제4조(보호의 대상과 송치 및 통고)

    ① 다음 각 호의 어느 하나에 해당하는 소년은 소년부의 보호사건으로 심리한다.

      1. 죄를 범한 소년

      2. 형벌 법령에 저촉되는 행위를 한 10세 이상 14세 미만인 소년

      3. 다음 각 목에 해당하는 사유가 있고 그의 성격이나 환경에 비추어 앞으로 형벌 법령에 저촉되는 행위를 할 우려가 있는 10세 이상인 소년

        가. 집단적으로 몰려다니며 주위 사람들에게 불안감을 조성하는 성벽이 있는 것

        나. 정당한 이유 없이 가출하는 것

        다. 술을 마시고 소란을 피우거나 유해환경에 접하는 성벽이 있는 것

    ② 제1항 제2호 및 제3호에 해당하는 소년이 있을 때에는 경찰서장은 직접 관할 소년부에 송치하여야 한다.

    ③ 제1항 각 호의 어느 하나에 해당하는 소년을 발견한 보호자 또는 학교·사회복리시설·보호관찰소(보호관찰지소를 포함한다. 이하 같다)의 장은 이를 관할 소년부에 통고할 수 있다.

- 보호처분 내용 및 기간

  - 제32조(보호처분의 결정)

    ① 소년부 판사는 심리 결과 보호처분을 할 필요가 있다고 인정하면 결정으로써 다음 각 호의 어느 하나에 해당하는 처분을 하여야 한다.

<표> 보호처분 내용 및 기간

호	감호 처분	기간
1	보호자 또는 보호자를 대신하여 소년을 보호할 수 있는 자에게 감호 위탁	감호 위탁(6월+6월)
2	수강명령	100시간, 12세 이상
3	사회봉사명령	200시간, 14세 이상
4	보호관찰관의 단기 보호관찰	보호관찰(1년)+상담·선도교육(3월)
5	보호관찰관의 장기 보호관찰	보호관찰(2년+1년)+상담·선도교육(3월)
6	「아동복지법」에 따른 아동복지시설이나 그 밖의 소년 보호시설에 감호위탁	감호 위탁(6월+6월)
7	병원, 요양소 또는 「보호소년 등의 처우에 관한 법률」에 따라 소년 의료 보호시설에 위탁	소년의료보호시설 위탁
8	1개월 이내의 소년원 송치	1개월 이내의 소년원 송치
9	단기 소년원 송치	6월 이내
10	장기 소년원 송치	2년 이내, 12세 이상

교권침해 사건 처리 절차

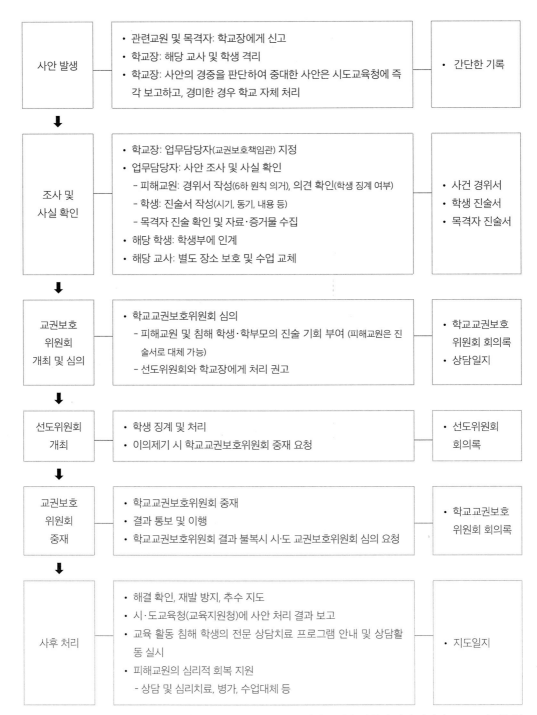

사안 발생	• 관련교원 및 목격자: 학교장에게 신고 • 학교장: 해당 교사 및 학생 격리 • 학교장: 사안의 경중을 판단하여 중대한 사안은 시도교육청에 즉각 보고하고, 경미한 경우 학교 자체 처리	• 간단한 기록

조사 및
사실 확인
	• 학교장: 업무담당자(교권보호책임관) 지정
	• 업무담당자: 사안 조사 및 사실 확인
	  - 피해교원: 경위서 작성(6하 원칙 의거), 의견 확인(학생 징계 여부)
	  - 학생: 진술서 작성(시기, 동기, 내용 등)
	  - 목격자 진술 확인 및 자료·증거물 수집
	• 해당 학생: 학생부에 인계
	• 해당 교사: 별도 장소 보호 및 수업 교체
		• 사건 경위서
		• 학생 진술서
		• 목격자 진술서

교권보호
위원회
개최 및 심의
	• 학교교권보호위원회 심의
	  - 피해교원 및 침해 학생·학부모의 진술 기회 부여 (피해교원은 진술서로 대체 가능)
	  - 선도위원회와 학교장에게 처리 권고
		• 학교교권보호
		위원회 회의록
		• 상담일지

선도위원회 개최	• 학생 징계 및 처리 • 이의제기 시 학교교권보호위원회 중재 요청	• 선도위원회 회의록
교권보호 위원회 중재	• 학교교권보호위원회 중재 • 결과 통보 및 이행 • 학교교권보호위원회 결과 불복시 시·도 교권보호위원회 심의 요청	• 학교교권보호 위원회 회의록
사후 처리	• 해결 확인, 재발 방지, 추수 지도 • 시·도교육청(교육지원청)에 사안 처리 결과 보고 • 교육 활동 침해 학생의 전문 상담치료 프로그램 안내 및 상담활동 실시 • 피해교원의 심리적 회복 지원 - 상담 및 심리치료, 병가, 수업대체 등	• 지도일지

※ 본 철차는 예시일 뿐이며, 상황에 따라 탄력적으로 운영 가능함
출처: 2017년 교육 활동 보호 매뉴얼 (교육부)

부록 4

교권침해 유형별
대응 요령

교권침해 유형별 대응 요령

학생의 폭언

- 감정적으로 받아치지 마라
- 모욕적인 말은 저지하라
- 되물어서 상대방의 감정을 누그러뜨려라
- 마음의 균형을 찾아라
- 다른 사람의 기분에 좌우되지 마라
- 당당하게 말하라
- 짧고 단호하게 대응하라
- 핵심을 명확하게 하라

학생의 폭행

- 장소에서 벗어나 동료 교원에게 도움 요청
- 사건에 대한 목격자 진술확보
- 진단서 등 증거자료 확보
- 민·형사상 소송이 필요할 경우 법률지원단의 조력 요청
- 학생 및 학부모 반발 시 교권보호 위원회 개최
- 목격 학생들에 대한 심리치료 및 재발 방지 위한 교육

수업 방해

- 교실에서 생활교육을 할 경우 여러 학생들이 있는 상황에서 언쟁 지양
  (공개적으로 비난하거나 꾸짖음으로 학생이 수치심 느끼지 않도록 주의)
- 의도된 질문으로 수업 분위기를 흐리는 학생이 있는 경우 주의를 주고 수업을 계속 진행
- 분노 조절이 잘 안 되는 학생이 심각하게 반응을 하는 경우 동료 교사의 도움 요청

명예훼손 및 사이버 매체 폭력

- 증빙자료(저장, 캡처)를 확보하고 민·형사상 소송이 필요할 경우 법률지원단의 조력 요청
- 게시물 삭제 요청
- 학생이 특별한 의도 없이 한 행동이라도 상대방에게는 큰 정신적 피해를 준다는 사실을 인지시키고, 사이버 폭력을 하지 않도록 지도

성희롱 및 성폭력

- 사안이 경미한 경우 일관되고 안정된 태도를 유지하고, 사안이 중대한 경우 즉시 사건 현장에서 벗어나 동료 교원에게 도움 요청
- 불쾌한 신체접촉이나 상황에 직면했을 경우 분명한 거부 의사를 표시하고 날짜, 시간, 장소, 목격자, 가해자의 행동, 자신의 반응과 기분을 메모해 둠
- 성희롱 및 성폭력은 범죄임을 인지시킴 (사전 예방 교육 중요)
- 학교 관리자, 전문 상담 기관에 신고 또는 상담을 의뢰(심리적 지원, 법적 절차에 대한 도움 요청)

학부모의 폭언·폭행

- 흥분된 상대방을 대할 때에도 이성적으로 냉정한 자세를 유지, 대처
- 폭력 사안 발생 시 즉시 현장에서 벗어나 도움 요청
- 학교장은 경찰에 조속히 신고
- 사건 증거 자료 확보
  (진단서, 녹취, 목격자 진술 등)
- 사건 경위서는 일지 형식으로 자세히 기록하여 보관
- 사안 발생 즉시 시·도교육청에 보고
  (고소·고발 등 사법 절차를 포함한 해결 방안에 관해 교권보호 담당 장학사 및 고문 변호사와 협의)

학교폭력 민원	학교 안전사고 민원
• 감정은 수용하되 행위는 정확하게 통지 (피해학생의 피해 정도 등) • 피해자 측에 대한 진심 어린 사과의 중요성 인지시킴 • 사안 처리 절차와 예상되는 결과를 충분하게 설명 • 이번 일로 가해 학생이 학교에서 낙인찍히지 않을 것임을 확인 • 사건 은폐를 의심할 만한 어떠한 진술도 하면 안 됨 • 진실과 사실에 근거하여 문제 해결할 것을 약속	• 상당 기간 경과 후 문제를 제기할 수 있으므로 증빙자료(진술서, 진단서, 녹취록, 기사 사본 등)를 확보하고 보관함 • 피해자에게 병원 방문이나 성의 있는 언행 등으로 조치 강구 • 학교안전사고가 소송으로 비화 시 소속 시·도별 학교안전공제회에 변호사 선임 및 법률지원 요청 • 교원의 중과실이나 고의에 의한 사고가 아닌 경우에는 사용자(시·도 교육감 또는 학교법인)를 상대로 보상을 요구하거나 소송을 제기해야 한다는 것을 분명하게 안내

출처 : 2017년 교육 활동 보호 매뉴얼 (교육부)

참고문헌

『청소년심리학 제2판』, 한국청소년정책연구원, 교육과학사, 2016

『교육활동 보호 매뉴얼』, 교육부, 2017

『교권 바르게 찾아가기』, 김성기, 황준성, 이덕난 공저, 가람문화사, 2017

교권침해 예방 집단 프로그램

PRESENT

학생용

프로그램 구성

단계	활동명	내용	공통
1	시작	프로그램 소개 지도자 소개 약속 정하기 모둠 정하기 우리 반 소개하기	알아차림 / 존중 / 비폭력 / 신뢰
2	교권침해의 이해	교권침해란? 교권침해 현황과 심각성 알기 우리 반 교권침해	
3	교권침해 대체 왜?	교권 침해 발생하는 이유는? - 교권침해 학생의 특성 - 우리 반은 왜? (토론)	
4	마음의 소리	교권침해 피해자는 누구인가? 선생님의 마음 친구들의 마음 (학습권침해)	
5	평화로운 우리 반 (존중·공감·대화)	상처받은 포돌이 / 왕자와 거지 HERE & NOW 비언어적 의사소통의 잘못된 예 선생님이 잘못한 경우 나 - 전달법	
6	교권침해 OUT (실천하기)	상황극 만들기 교권침해 예방 캠페인송 만들기 공익광고 만들기 교권침해 없는 우리 반 십계명 교권보호 사행시 짓기 교권침해 예방 포스터(표어) 만들기	

STEP 1

시작

- 오리엔테이션 -

사전 설문지

번호	질문 (최근 한 달 동안)	척도				
		전혀 아니다	아니다	보통	그렇다	매우 그렇다
1	교권침해가 무엇인지 알고 있다.					
2	교권침해가 일어나면 어떻게 되는지 알고 있다.					
3	선생님이 힘들다고 느낀 적 있다.					
4	우리 반은 수업 시간에 시끄럽다.					
5	우리 반에서 최근 한 달간 학교폭력은 없었다.					
6	친구의 마음을 공감할 수 있다.					
7	나는 우리 반에서 친구들에게 무시를 당한 적 있다.					
8	선생님이 지시할 때 거부하거나 모른 척 한 적 있다.					
9	수업 중 친구와 이야기를 나누는 것은 괜찮다고 생각한다.					
10	선생님이 잘 모르거나 어른답지 못하다는 생각이 들면 무시하는 마음이 든다.					

우리들의 약속

하나, 나는 다른 사람을 존중하겠습니다.

'토킹스틱'을 사용하여 이야기합니다.

두울, 나는 폭력을 사용하지 않겠습니다.

나는 언어적 폭력(욕설, 비난, 친구가 싫어하는 모든 말)도 하지 않
겠습니다.

세엣, 나는 친구를 믿으며, 비밀을 지키겠습니다.

남의 이야기를 소문내지 않겠습니다.

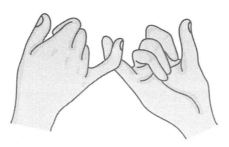

우리 반을 소개합니다

1. 우리 반을 5글자로 소개하면? OOOOO

    이유는: _____

2. 우리 반 만족도? ☆☆☆☆☆ (별 몇 개?)

    ☆ 3개 이하: (이유) _____

    ☆ 3개 이상: (이유) _____

3. 나에게 우리 반은 어떤 의미인가요?

STEP 2

교권침해의 이해

빙고게임

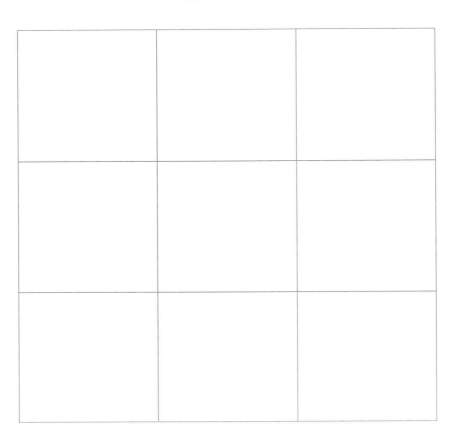

< 게임규칙 >

1. 교권침해와 관련된 단어를 9개의 칸에 적는다.

2. 지도자가 처음 부르는 단어가 본인에게도 있으면 손을 들고 이름을 부른다.

3. 여러 사람일 경우 가위바위보를 통해 이긴 사람이 다음 단어를 부른다.

4. 단어가 가로와 세로, 대각선을 포함하여 3줄이 완성되면 '빙고'를 외친다.

교권침해 연상 이미지

< 그림 설명 >

교권침해 사례

사례1) 학생의 수업 진행 방해

- 수업 상황에서 발생하는 학생의 부적절한 행동으로 교사의 교수활동 방해와 동료학생의 학습 활동 방해, 교실 기물 파손 등 직접적인 수업 방해 행동이 해당됨. 또한 교사의 지시에도 불구하고 수업 준비를 하지 않거나 수업 활동에 참여하지 않는 행위도 포함 됨

- 여교사 수업 시간 중 한 학생이 다른 학생들에게 모두 책상에 엎드리라고 명령하며 고개를 들면 "죽여 버린다."고 협박하자 이를 장난으로 여긴 교사가 학생들에게 여러 번 고개를 들어 칠판을 바라보라고 하였으나 학생들이 고개를 들지 않아 수업 진행이 안 됨

- 수업 시간에 학생이 휴대폰을 사용하는 것을 보고 교사가 압수하자 교사를 막아서고 옷깃을 잡고 거칠게 항의하며 핸드폰을 되돌려 줄 것을 강하게 요구

사례2) 명예훼손 및 사이버 매체 폭력

- 교원의 정당한 지도에도 불구하고 다수의 학생들이 있는 공간에서 행하는 인신공격적인 행동

- 학생과 평소에 아무런 갈등이 없었고 수업 태도도 괜찮았던 학생인데, SNS에서 심한 욕설로 교사를 공개적으로 모욕

- 상습적으로 수업 준비를 하지 않는 사유로 학생을 교실 뒤편에 서서 수업에 참여하게 하였으나, 거친 항의와 함께 무단으로 학교로 이탈하여 귀가한 후 부모에게 "교사가 멱살을 잡고 뺨을 때렸다."고 거짓 진술하며 본인의 친구들을 거짓 증인으로 내세움

사례3) 성희롱 및 성폭력

- 중학생이 쉬는 시간에 계단을 올라가고 있는 여교사의 신체를 스마트폰으로 촬영

- 중학교 복도에서 3학년 학생이 교사를 좋아한다고, 다른 학생들이 보고 있는데도 교사를 벽에 밀어붙이고 나가지 못하게 함

- 중학교 남학생이 인쇄물을 나눠주는 여교사의 어깨에 손을 얹더니 "누나! 우리 사귀자."고 말하고 다른 학생은 이 장면을 휴대전화로 촬영한 후 SNS에 '선생님 꼬시기'란 제목의 동영상을 올림

사례4) 학부모의 폭언·폭행

- 학부모가 평소 담임교사에 대해 "아이가 입원을 했는데 문병을 안 온다. 구구단을 외우는 숙제로 인해 스트레스를 받아 죽으면 책임을 질 거냐? 학부모 총회에서 학급 담임과 상담을 받지 못했다."는 등 반감을 내비치며 여러 차례 폭언

- 수업 중 장난을 치는 여학생을 훈계한 후 "남학생들 사이로 가라"는 담임교사의 말에 교사가 남학생들의 가랑이 사이로 지나가라고 했다며 학생의 어머니가 교장실로 찾아가 항의하고 학생의 아버지는 수업 중이던 교사를 뒤에서 달려들어 주먹으로 폭행

- 학부모가 자신의 아이만 차별하여 두발지도를 한다고 격분하여 수백 명의 학생들이 지켜보는 가운데 주먹으로 교사를 폭행

교권과 교권침해란?

■ 교권(教權)이란?

☞ 교사로서 지니는 권위나 권력 (국립국어원 표준국어대사전)

☞ 교육자로서의 권리나 권위 (Daum 어학사전)

■ 법령이 규정한 교육 활동 침해 행위

법조항	내용
교원의 지위 향상 및 교육 활동 보호를 위한 특별법 제15조 제1항	학교의 학생 또는 그 보호자 등이 교육 활동 중인 교원에 대하여 폭행, 모욕 등 대통령령으로 정하는 교육 활동을 침해하는 행위
교원의 지위 향상 및 교육 활동 보호를 위한 특별법 시행령 제2조의3	1. 「형법」 제2편 제25장(상해와 폭행의 죄), 제30장(협박의 죄), 제33장(명예에 관한 죄) 또는 제42장(손괴의 죄)에 해당하는 범죄 행위 2. 「성폭력범죄의 처벌 등에 관한 특례법」 제2조 제1항에 따른 성폭력범죄 행위 3. 「정보통신망 이용촉진 및 정보보호 등에 관한 법률」 제44조의7 제1항에 따른 불법정보 유통 행위 4. 그 밖에 교육부 장관이 정하여 고시하는 행위로서 교육 활동을 부당하게 간섭하거나 제한하는 행위
교육 활동침해 행위 고시 (교육부고시 제2-17-118호)	1. 「형법」 제8장(공무방해에 관한 죄) 또는 제34장 제314조(업무방해)에 해당하는 범죄 행위로 교원의 정당한 교육 활동을 방해하는 행위 2. 교육 활동 중인 교원에게 성적 언동 등으로 성적 굴욕감 또는 혐오감을 느끼게 하는 행위 3. 교원의 정당한 교육 활동에 대해 반복적으로 부당하게 간섭하는 행위 4. 그 밖에 학교장이 「교육공무원법」 제43조 제1항에 위반한다고 판단하는 행위

교권침해란 무엇일까요?
(법령이 규정한 교육 활동 침해 행위)

인간으로서의 기본권 침해

- 선생님에 대한 폭언과 폭행, 성폭력 등 신체적 위해
- 명예훼손, 모욕, 성희롱 등 인격권 침해
- 언론기관 등에 의한 사생활 침해

교육자로서의 교육할 권리 침해

- 학생, 학부모의 수업을 방해하는 행위
- 선생님의 교육 활동에 반복적으로 부당하게 간섭하는 행위

전문직 종사자로서의 신분 침해

- 부당한 신분, 인사상 조치
- 학교 안전사고 및 학교폭력 피해 배상 요구

교권침해가 일어나면?

Q) 학생이 수업 방해, 교사에 대한 폭언, 폭행, 위협, 지도 불응에 대한 선도 조치에 대해 이행하지 않을 경우 어떻게 되나요?

A) 학교에서는 **교권보호위원회 및 선도위원회를 개최**하여 학칙에 따라 징계처분을 할 수 있으며, 징계는 교내봉사, 사회봉사, 특별교육 이수, 출석정지 등이 가능합니다.

또한 폭행, 재물손괴 등 비행 정도가 심하고 징계, 상담 등 지도에도 불응할 때에는 **학교장 통고 제도**를 통해 **소년보호재판을 법원에 신청**할 수 있습니다.

그리고 교사에 대한 모욕, 명예훼손, 협박 등은 죄가 성립할 수 있으므로 수사기관에 고소를 할 수 있습니다.

학생이 교사에게 욕설을 하였다면 이는 형법상 **모욕죄**(형법 제311조)에 해당됩니다. 교사에 대하여 구체적으로 해악을 가할 것을 고지하는 등의 언동을 하였다면 **협박죄**(형법 제283조)에 해당됩니다. 또한 학생이 학교에서 난동을 부리는 등 수업을 방해했다면 형법상 **공무집행방해죄**(형법 제136조, 국·공립학교), **업무방해죄**(형법 제314조, 사립학교)가 성립할 수 있습니다.

출처 : 2017년 교육 활동 보호 매뉴얼 (교육부, P.54)

우리 반 교권침해 순위

■ 우리 반에서 가장 많이 일어나는 교권침해는 무엇일까요?

유형	사례	순위
수업 방해	떠들기	
	수업과 상관없는 질문하기	
	돌아다니기	
	이상한 소리내기	
	수업 늦게 들어오기	
	매점 음식 먹기	
폭언, 폭행 위협적 행동	선생님 앞에서 욕하기	
	책상이나 물건 던지기	
	선생님에 대한 폭력행위	
	불손한 태도 보이기	
성적 혐오감을 주는 행위	수업과 관계없는 성적인 질문, 농담, 장난하기	
정당한 지도 불이행	수업 거부	
	청소 안하기 (도망, 거부)	
	생활지도 불응 (교칙 위반)	
	휴대전화 안 내기	
사이버 매체 폭력	SNS 이용한 허위사실 유포 늦은 시간 문자 메시지 보내기	

STEP 3

교권침해, 대체 왜?

- 발생원인 -

교권침해 발생원인

■ 사회·문화적 관점

1) 학생 인권 강화에 따른 반작용?

2) 선생님의 잘못?

3) 교사의 권위를 인정하지 않는 사회 분위기

4) 스마트폰, 인터넷 등의 미디어 접촉 증가
   (폭력적, 선정적)

▣ 학생 개인의 심리적·생물학적 관점

1) 적대적 반항장애, 품행장애, ADHD, 분노조절장애 등 병리적 문제

2) 스마트폰 과다사용으로 인한 충동조절의 어려움

3) 미성숙한 방식의 욕구 분출

4) 친구 따라 하기

5) 삐뚤어진 영웅심리

6) 어른에 대한 예의 없음

7) 억울함 또는 자존심

8) 사랑에서 시작하여 복수로 끝나는 애증의 심리

9) 우울함 및 스트레스 관리 부족

10) 청소년의 뇌는 공사 중?

11) 의사소통기술과 공감 능력의 부족

12) 학업에 대한 동기 부족

13) 주 양육자와의 갈등이 무의식적으로 표출

마음의 소리

교권침해 피해 선생님의 마음

1. 학생과 교실, 수업을 떠올리면
   깜짝 놀라고, ○○○이 느껴짐 ● 　　　　 ● A. 슬프고 불행한 감정에 놓여있는
   　　　　　　　　　　　　　　　　　　　　　　정신상태

2. 수업을 제대로 할 수 있을지에
   대한 의구심이 생겨 점차 ○○○ ● 　　　　 ● B. 부끄러움을 느끼는 마음
   잃음

3. 성인으로서 나이 어린 학생들 앞
   에서 모욕적인 일을 겪음으로 인해 ● 　　 ● C. 어떤 일을 스스로의 능력으로
   모멸감과 ○○○을 느낌 　　　　　　　　　　　충분히 감당할 수 있다고 믿는
   　　　　　　　　　　　　　　　　　　　　　　마음

4. 열심히 해도 안 된다는 생각에 의
   욕을 잃고, ○○○을 느낌 ● 　　　　 ● D. 위협이나 위험을 느껴 마음이
   　　　　　　　　　　　　　　　　　　　　　　불안하고 조심스러운 느낌

5. 교권침해 사실을 다른 사람에게
   말할 수 없어 답답함과 ○○○을 ● 　　 ● E. 자신이 아무런 힘이 없음을 깨달았
   느낌 　　　　　　　　　　　　　　　　　　을 때나 무슨 짓을 해도 아무 소용
   　　　　　　　　　　　　　　　　　　　　　　이 없음을 깨달았을 때의 허탈하
   　　　　　　　　　　　　　　　　　　　　　　고 맥빠진 느낌

6. 교권침해 학생에 대한 양가감정
   으로 인해 ○○○을 느낌 ● 　　　　 ● F. 몸이나 마음이 견디기 어려울 만큼
   　　　　　　　　　　　　　　　　　　　　　　불편하거나 고통스러운 상태

※ 양가감정 - 어떤 대상에 대하여 서로 상반되는 두 감정이 동시에 존재하는 상태

나도 그랬는데…

1. ~을 떠올리면 깜짝 놀라고 **두려움**이 느껴짐

2. ~을 잘할 수 있을지에 대한 의구심이 생겨 점차 **자신감을 잃음**

3. ~앞에서 모욕적인 일을 겪음으로 인해 **모멸감**과 **수치심**을 느낌

4. 열심히 노력해도 안 될 거라는 생각에 의욕을 잃고 **무력감**을 느낌

5. 내가 겪은 일을 다른 사람에게 말할 수 없어 **답답함**과 **우울함**을 느낌

6. ~에 대한 양가감정으로 인해 **괴로움**을 느낌

행복한 교사가 되기 위해 노력한 지수

지수는 어릴 적부터 선생님이 되고 싶어 했다. 하지만 중학생이 되면서 어릴 때 막연히 꿈꾸던 선생님은 쉽게 이루어질 수 없다는 것을 알게 되었다.

왜냐하면 지수와 같이 교사를 꿈꾸는 사람이 너무 많아 어려운 시험을 통과해야 선생님이 될 수 있기 때문이다.

하지만 지수는 꿈을 포기하지 않고, 열심히 공부했다. 학교에서는 물론 학원에서도 공부했고, 심지어 쉬는 시간과 점심시간에도 공부했다.

지수도 공부가 좋아서 하는 것은 아니었다. 정말 힘들고, 몸도 피곤했다.

친구들과 같이 놀고, 주말에는 마음껏 TV도 보고 싶었다. 하지만 목표가 분명해지니 방심할 수 없었다.

그나마 다행인 것은 노력한 만큼 성적이 조금씩 오르기 시작한 것이었다. 점점 오르더니 고3 때는 전교 5등 안에 들었다. 너무 기뻤고, 부모님과 선생님, 친구들도 진심으로 기뻐하고 축하해주었다.

지수는 그렇게 고등학교 3년을 마치고 원하던 A 사범대를 입학하게 되었다.

하지만 대학을 입학한 기쁨도 잠시뿐이었다. 학생 수가 점점 줄어드니 교사도 점점 적게 선발하면서 교사가 되기 위한 임용 시험은 점점 치열해졌다. 선배들의 모습을 보니 교사임용 시험을 준비하느라 정말 힘들어 보였다.

지수는 그렇게 대학 4년을 마치고, 교사임용시험에 도전했지만 안타깝게 떨어졌다.

하지만 지수는 슬퍼할 시간도 없이 1년에 한 번뿐인 다음 시험을 준비하기 위해 도서관으로 향했다. 나와 같이 공부한 친구가 먼저 합격한 것에 부러워해야 했고, 계속 시험에 떨어지면서 부모님께 죄송한 마음이 들었다. 그리고 언제 합격할지 모르는 불안감에 마음껏 쉬지도 못하고, 손에서 책을 놓지도 못한 채 잠이 들었다.

지수는 그렇게 3번의 시험에 떨어진 후 4번째 시험에서 합격하게 되었다.

행복한 교사를 그만두고 싶은 지수

드디어 지수는 서울의 A 중학교로 첫 발령을 받았다. 신규 교사이기에 담임을 내년부터 맡게 되어 무척이나 아쉬웠다.

지수는 하루빨리 학생들을 만나 그동안 학교에서 열심히 배웠던 것을 재밌게 가르쳐주고 싶었다.

학생들도 처음 온 선생님을 신기하게 쳐다보며, 많은 관심을 보였다. 특히 남학생들은 호기심에 가득 찬 눈빛으로 선생님을 바라보았다.

하지만 3개월이 지난 지금은 점점 학교 오기가 싫고, 교실에 들어가는 것이 두려운 자신을 발견하게 되었다.

교실에 들어가면 쉬는 시간처럼 그대로 떠들거나 장난치고 있으며, 조용히 자리에 앉으라고 해도 무시하고 더 큰 소리로 떠들었다.

남학생들은 여교사인 지수에게 성적 수치심을 느낄 수 있는 질문을 던져 당혹스럽게 만들었다.

또한 계속 엎드려 잠을 자는 학생을 깨우면 교사에게 들릴 정도로 욕을 하는 경우도 있었다.

그 밖에 청소 시간 도망가기, 수업 시간에 화장실 마음대로 다녀오기, 자리 마음대로 바꿔 앉기, 매점에서 늦게 오기, 부모님께 알렸더니 왜 말씀드렸냐고 오히려 따지면서 화내는 등 도저히 감당이 안 되어 남몰래 많이 울었다.

그동안 교사가 되기 위해 힘든 과정을 이겨내며 여기까지 왔는데, 교사를 그만두고 싶다는 생각을 하니 너무 억울하고 화가 났다. 또한 다른 선생님들은 수업을 잘하는데 내가 못해서 그런 것 같은 생각에 자존심도 상하고, 이제는 잘할 수 있을 것 같다는 자신감도 잃어버렸다.

세계적인 축구선수를 꿈꾸는 민수

어릴 때부터 축구를 좋아하고, 축구를 잘해서 나중에 손흥민 선수처럼 멋진 축구선수가 되고 싶은 민수. 그래서 초등학교 때 축구부에 들어가 선수 생활을 시작했다.

선수 생활은 힘들었다. 새벽에 일찍 일어나 운동장을 돌며 하루를 시작하면, 학교에서 수업 시간에는 힘들어 졸다 깨다를 반복했다.

민수는 점점 수업 시간을 따라가지 못하게 되어 시험도 망쳤다.

결국 운동에만 전념하고, 축구에 내 인생을 걸기로 마음먹었다.

축구부 생활은 힘든 훈련뿐만 아니라 선배들과의 합숙 생활도 쉽지 않았다.

선배들이 시키는 심부름은 막내인 내 몫이었다. 또한 코치, 감독님의 무서운 호통도 참아내야 했다. 경기 중 실수라도 하면 그날은 눈물이 쏙 빠지도록 혼이 나고 단체 기합을 받았다. 하지만 내 유일한 꿈을 이루기 위해 그 어떤 고통도 참아내기로 했다.

그러던 어느 날부터 내 인내심에도 한계가 온 것 같았다. 이유는 선배들 중 A가 나를 유난히 괴롭혔다. 나한테 체력이 약하다며 운동장을 뛰게 했고, 남몰래 구타를 당하기도 했다.

나는 그 선배를 볼 때마다 두려움이 생겼고, 점점 자신감을 잃어 축구를 할 때도 제대로 실력 발휘가 되지 못했다. 그러면서 좋아하던 축구가 재미없게 느껴졌고, 부상도 겹치면서 경기에서도 주전이 되지 못해 결국 원하는 팀에 들어가지 못했다.

결국 내가 꿈꾸던 세계적인 축구 선수도 되지 못하고, 남들처럼 공부해서 대학도 들어가지 못해 취업하기도 막막한 현실이 되었다. 나는 내 꿈과 인생을 망친 A 선배가 너무나도 밉고 싫었다.

아이돌 가수가 되고 싶은 혜림

평소 아이돌 가수가 되기 위해 댄스 동아리에 들어가 춤과 노래를 연습하던 혜림이는 길을 가던 중 자신을 연예기획사 팀장이라고 소개한 남성으로부터 명함을 받으며 오디션 제안을 받는다.

혜림이는 드디어 자신의 꿈이 이루어질 수 있다는 생각에 부푼 마음으로 오디션을 보러 가게 되었고, 오디션에서 합격한 후 연습생 생활을 하게 된다.

자신이 속한 기획사는 비록 유명한 기획사가 아니었지만 자신의 재능을 알아봐 주고 인정해준 기획사 사장님과 팀장님이 고마웠고, 그래서 더욱 열심히 하기로 했다.

그러던 어느 날 팀장님이 나를 부르더니 요즘은 가수들도 연기를 해야 한다면서 연기를 가르쳐 주겠다고 했다. 그러면서 조금씩 내 몸을 더듬기 시작했는데 나는 싫다고 말하기 어려웠다.

내가 싫다고 하면 나에게 기회를 주지 않을 것만 같았기 때문이다.

하지만 점점 더 노골적으로 성추행을 당하면서 나의 힘들어하는 모습을 부모님이 보셨고, 왜 그런지 물어보셨을 때 나는 울면서 사실대로 말씀드렸다.

부모님은 기획사 팀장을 경찰에 신고했고, 나는 그때의 충격으로 이제 가수가 되고 싶은 꿈을 접게 되었다.

원하는 대학을 가기 위해 열심히 공부하는 동준

한국 고등학교에 입학한 동준이는 중학교 때 열심히 공부하지 않았던 것을 후회하며, 고등학교 때는 열심히 공부해서 원하는 대학을 가고자 마음먹었다. 그래서 수업 시간에는 선생님 말씀에 집중하고, 교과서와 노트에 필기도 빠짐없이 했다. 몸은 피곤하지만 주말에는 학원도 다니면서 학교에서 부족한 부분을 채우려고 했다. 그러면서 문제집을 풀 때마다 자신의 실력이 점점 늘어간다는 것을 느낄 수 있었다. 처음으로 중간고사를 기다리기 시작했다. 빨리 내 성적을 알고 싶었기 때문이다.

그렇게 한 달이 지났을 무렵 조금씩 반 분위기가 이상해지기 시작했다. 처음에는 학생들이 조용하고, 선생님 말씀도 잘 들었던 것 같은데 이제는 조금씩 떠드는 애들이 생기기 시작했고, 특히 나이가 많은 수학 선생님 시간에는 대놓고 장난치거나 농담하며 수업을 방해하는 일이 생기기 시작했다.

하지만 선생님은 조용히 하라고만 할 뿐 더 이상 그 애들을 막을 순 없었다. 애들도 선생님의 쩔쩔매며 당황하는 모습이 재밌는지 같이 웃으며 오히려 옆에서 거드는 애들도 생겨났다. 선생님도 이제는 포기하셨는지 애들이 떠들어도 조용히 하라는 말씀도 하지 않으시고, 혼자 칠판에 문제만 풀다 나가신다. 나는 정말 화가 나고 짜증이 났다.

우리 반에 하필 저런 애들이 와서 다른 애들 공부도 못하게 방해만 하는지··· 그리고 선생님들은 왜 저런 애들을 그냥 두시는지··· 내가 나서서 조용히 하라고 말하고 싶지만 그러면 잘난 척한다고 왕따 당할 것 같고··· 점점 수학 시간뿐만 아니라 다른 수업시간에도 이런 분위기가 만들어지면서 처음 한 달 동안 품었던 대학의 꿈은 점점 시들어져만 갔다.

생각해보기

1. 나의 친한 친구나 가족이 이야기의 주인공이라면 내 마음은 어떠할까요?

2. 내가 만약 학급에서 선생님과 친구들을 방해하는 학생이라면 친구들은 나를 어떻게 생각할까요?

3. 나로 인해 누군가의 꿈이 이루어질 수 없다면?

4. 교권침해로 인해 많은 선생님들이 퇴직을 고민하고 있는 문제에 대해 어떻게 생각하나요?

5. _____

6. _____

STEP 5

평화로운 우리 반

- 존중 · 공감 · 대화 -

상처받은 포돌이

초등학교 2학년 지인이의 아빠는 경찰이시다. 그런데 오늘 아침 아빠가 지인이에게 학교에서 보자고 하시면서 일찍 출근하셨다. 지인이는 아빠가 학교에 무슨 일로 오시는지 알 수 없었다.

평소처럼 아침 식사를 하고 학교를 갔는데 오늘따라 학교 앞에 사람들이 많이 있었다.

선생님들도 나와 계시고, 경찰차도 보였다. 현수막에는 '학교폭력 신고전화 117'이라는 글씨가 쓰여 있었다. 그리고 자세히 보니 교문 앞에 포돌이와 포순이 인형을 쓴 경찰이 학생들에게 손을 흔들며 인사를 하고 있었다.

나중에 알고 보니 오늘 아침 교문 앞에서 경찰 아저씨들이 학교폭력 예방 캠페인을 하고 있었던 것이었다.

지인이는 아침에 아빠가 했던 말이 생각이 났고, 아빠가 어디에 계신지 찾아보았다.

기념품을 나눠주는 경찰도 아니고, 현수막을 들고 있는 경찰도 아니었다. 아빠는 없었다.

'혹시 포돌이?' 그런데 그 순간 우리 학교에서 말썽꾸러기로 유명한 정태와 민수가 포돌이 뒤에서 인형 뒤통수를 세 개 때리고 도망가는 것이었다. 조금 있으니까 다른 학생들도 똑같이 포돌이와 포순이 뒤에서 머리를 세게 때리고 도망가는 장난을 하는 것이었다.

이 모습을 지켜본 지인이는 너무 화가 나고, 속상했다. '우리 아빠도 다른 경찰 아저씨들처럼 멋있게 옷을 입고 있었으면 좋았을 텐데…' 지인이는 반갑게 인사하는 포돌이를 못 본 척하고 교실로 뛰어갔다.

왕자와 거지

영국의 왕 헨리 8세의 아들로 태어난 에드워드 왕자와 거지 술 중독자의 아들로 태어난 톰은 우연한 기회에 만나 닮은 서로의 모습을 보고 깜짝 놀란다. 이후 서로의 생활에 흥미를 느껴 옷을 바꿔 입게 되고, 거지 옷을 입은 에드워드 왕자는 궁전에서 쫓겨나 술에 취한 톰의 아버지에게 붙잡혀 집으로 끌려가게 된다.

에드워드는 자신이 톰이 아니라 왕자라고 말했지만 아무도 믿어주지 않는다.

궁전에 남은 톰은 자신이 왕자가 아니라 거지라고 말했지만 궁전에서는 왕자가 정신이 이상해졌다고 생각했다.

에드워드는 숱한 우여곡절 끝에 새로운 왕의 대관식에 나타나게 되고, 자신이 진짜 왕이라고 말한다. 톰 역시 에드워드가 왕자라고 밝히지만 사람들은 서로 닮은 두 사람 중에서 누가 진짜 왕인지 모르겠다며 에드워드의 말을 믿어 주지 않는다.

결국 행방이 묘연했던 옥새가 어디 있는지 에드워드가 말하며 영국의 국왕으로서 왕관을 쓴다.

감정단어

지금 나의 기분을 정확히 표현한 단어는 무엇일까요?

편안한	따뜻한	반가운	흥미로운
행복한	느긋한	자랑스러운	궁금한
신나는	기대되는	감사한	통쾌한
사랑스러운	감동한	재미있는	다정한
뿌듯한	만족스러운	든든한	열중한
지루한	부끄러운	수줍은	창피한
답답한	짜증나는	서운한	마음이 아픈
긴장된	무서운	지친	걱정스러운
불안한	외로운	실망스러운	화가 난
미안한	괴로운	불쾌한	후회스러운
귀찮은	기쁜	흥분된	안정된
심란한	미운	명확해진	자신 있는
무관심한	피곤한	가슴 뭉클한	활기찬
슬픈	억울한	우울한	생기 있는
감격스러운	불편한	속상한	편안한
질투가 나는	놀란	겁나는	안심되는

생각해보기

1. 이야기에 나오는 등장인물(지인이, 아빠, 왕자, 거지)의 마음은 어떠할까요?

2. 지인이 아빠는 왜 포돌이 옷을 입고 학교에 갔나요?

3. 아이들은 왜 포돌이를 때리고 도망갔을까요?

4. 학교에서 선생님의 겉모습을 보고 함부로 대하거나 무시한 적은 없나요?

5. 두 이야기의 공통점과 교훈은 무엇인가요?

6. 두 이야기를 통해 교권침해 해결 방법을 찾는다면 무엇일까요?

비언어적 의사소통의 잘못된 예

상황 1) 선생님과 대화할 때 주머니에 손을 넣거나 팔짱을 낀 채 말하는 경우

선생님의 생각: _____

선생님의 마음: _____

상황 2) 선생님이 질문하셨을 때 대답 없이 고개만 흔드는 경우

선생님의 생각: _____

선생님의 마음: _____

상황 3) 수업 중 엎드려 자는 학생에게 일어나라고 깨웠더니 인상을 찡그리며 혼잣말을 하는 경우

선생님의 생각: _____

선생님의 마음: _____

상황 4) 선생님께 질문할 때 목소리를 높이거나 따지는 말투로 물어보는 경우

선생님의 생각: _____

선생님의 마음: _____

생각해보기

1. 평소 나의 비언어적 의사소통 방식은 어떠한가요?

2. 잘못 전달된 비언어적 의사소통으로 인해 발생한 상황이 있다면 이야기해 보세요.

3. 나의 존중하는 마음을 행동으로 나타내는 방법은 무엇이 있을까요?

   ① 친구와 의견이 다를 때 "네 말도 맞는 것 같아."라고 말하기

   ② 친구의 성적이나 운동 실력이 부족할 때 다른 장점이 있음을 인정하고 무시하지 않기

   ③ 선생님께 예의를 갖추어 인사하기

   ④ _____

   ⑤ _____

선생님이 잘못할 경우는 어떻게 할까?

사례 1) 선도위원회 대신 오리걸음 시키는 선생님

○○중학교 A군은 친구 B군과 함께 점심시간 학교 담장을 넘어 편의점에서 라면을 먹고, 돌아오는 길에 담배를 피웠다. 그리고 왔던 길로 다시 되돌아가려는데 그만 학생부장 선생님께 걸리고 말았다.

학생부장 선생님은 두 사람의 귀를 잡아당기며 운동장으로 끌고 가 오리걸음과 운동장 5바퀴 돌기, 엎드려뻗치기 등을 시켰다.

그렇게 벌을 받던 A군과 B군은 몰래 학교 밖으로 나가 사 먹고 담배를 피운 것은 잘못한 행동이라고 인정하지만 오리걸음, 운동장 돌기, 엎드려뻗치기는 너무 심했다는 생각이 들어 화가 났다.

그래서 엎드려 있다가 일어나 선생님께 못하겠다고 말했고, 선생님은 오히려 잘못한 놈들이 대든다고 더 화를 내셨다.

사례 2) 스쿨 미투(# ME TOO)

○○고등학교 C교사는 D여학생에게 안마를 해주겠다고 하면서 어깨를 만졌다. 그리고 방과 후 미술실로 따로 불러 그림을 지도해주겠다고 하며 가까이 앉아 신체가 닿을 때도 있었다. D학생은 그럴 때마다 부끄럽고, 수치심이 들었지만 누구에게도 말하기 어려웠다. 어느 땐 자신에게 친절하게 대해주시고, 시간을 따로내어 개인적으로 지도해 주신 고마운 선생님인데 괜히 오해하는 것은 아닌지 혼란스러웠다.

하지만 그런 만남이 많아질수록 불편한 마음은 커지고, 밤에 잠도 잘 못 자는 등 괴로운 날들이 계속되자 죽고 싶은 마음도 들었다.

어느 날은 용기를 내어 선생님께 더 이상 개인지도 받지 않겠다고 하자, 화를 내시며 불쾌한 표정을 지으셨다.

나중에 C교사는 '얼굴은 통통한데 각선미가 예쁘다.', '몸매가 아줌마 같다.'는 등 학생들의 외모를 지적하고 허리를 만지면 살이 쪘는지 안다며 허리를 만지는 등 추행한 혐의로 교육청에 신고를 당하였다.

생각해보기

1. 선생님이 선도위원회를 거치지 않고 체벌을 통해 교육한다면 어떻게 해야 할까요?

2. 선생님에 대한 미움을 자살시도나 허위 신고로 해결하는 것은 잘못된 결과를 가져옵니다.
   (실제 사건)
   이럴 땐 어떻게 해결해야 할까요?

3. 선생님이 분명한 잘못을 하셨을 때, 어떻게 해야 교권침해로 오해받지 않고, 학생의 입장을 전달할 수 있을까요?

4. _____

5. _____

선생님께 '나-전달법'으로 말하기

사례 1) 선도위원회 대신 오리걸음 시키는 선생님

1단계 - 지금 대화할 수 있는지 여쭤본다.

_____

2단계 - 사실을 객관적으로 말한다.

_____

3단계 - 감정을 말한다.

_____

사례 2) 스쿨 미투(# ME TOO)

1단계 - 지금 대화할 수 있는지 여쭤본다.

_____

2단계 - 사실을 객관적으로 말한다.

_____

3단계 - 감정을 말한다.

_____

STEP 6

교권침해 OUT

상황극 만들기
교권침해 예방 캠페인송 만들기
교권보호 공익광고 만들기
교권침해 없는 우리 반 십계명
교권보호 사행시 짓기
교권침해 예방 포스터(표어) 만들기

교권침해 발생 상황

상황 1) 수업 중 떠드는 학생에게 주의를 주는데 오히려 더욱 떠들거나 무시하는 경우 (혹은 폭언을 하거나 대드는 경우)

상황 2) 여자 선생님에게 성적인 질문이나 야한 농담을 하여 성적 수치심을 느끼도록 하는 경우

상황 3) 학부모가 수업 중 교실로 들어와 자녀의 문제로 따지는 경우

상황 4) 청소 시간에 엎드려 자고 있거나 휴대폰을 내지 않는 등 정당한 지시에 따르지 않는 경우

교권보호위원회 (시나리오)

일시	2000. 0. 00.(목), 15:00 ~ 17:00
장소	○○학교 도서관
의안	수업 중 교사 교권(수업권) 침해
대상학생	홍길동
회의내용	**1. 개회선언** 　지금부터 20**학년도 제1차 교권보호위원회를 개최하겠습니다. **2. 위원장 호선** 　○○님을 위원장으로 추천합니다. 동의합니다. **3. 교권보호위원회 참석자 안내** 　간사: 참석하신 위원을 소개해드리겠습니다. 학생안전부장님, 전문 상담선생님, 학부모 위원님, 외부 위원인 경찰관님께서 참석하셨습니다. **4. 교권보호위원회 개요 안내** 　간사: 진행절차는 사안 보고 - 피해 측 확인 및 질의응답 - 가해 측 확인 및 질의응답 순이며, 발언을 하기 위해서는 먼저 동의를 구하고 발언권을 얻어 말씀해주십시오. 또한 욕설, 폭언, 폭행 등을 할 경우에는 퇴실조치 되며, 비밀유지는 의무입니다. **5. 사안 보고** 　위원장: 이번 사안은 ○월 ○○일 ○요일 ○교시 ○학년 ○반 과학 시간에 교사는 엎드려 있는 학생을 발견하고 깨웠으나 학생은 아프다고 하면서 계속 엎드려 있었고, 그러면 보건실로 가서 요양을 하라고 했는데 계속해서 아무런 반응을 보이지 않아 수업 교사가 학생을 계속 깨우자 이에 학생은 욕을 하면서 선생님을 앞으로 밀쳤다고 합니다. **6. 교사 진술 및 질의응답** 　위원장: 피해 교사인 과학 선생님의 이야기를 들어보겠습니다. 당시 상황과 교권보호위원회에 의뢰하신 이유, 요구 사항을 말씀해주세요. **7. 학생 진술 및 질의응답** 　위원장: 홍길동 학생의 이야기를 들어보겠습니다. **8. 교원 관련 보호조치 및 관련자 선도 처리 방안 논의** 　위원장: 이 사안에 대해 어떻게 하면 좋을지 의원님들께서 말씀해주시기 바랍니다. 그럼 제1차 교권보호위원회를 마치겠습니다.
의결사항	

교권침해 예방을 위한 캠페인송

모둠명: _____

<원곡>	<바꿔 부르기>
제목: 얼굴 찌푸리지 말아요	**제목 : 평화로운 우리 학교**
	(교권침해 없는 우리 반)
얼굴 찌푸리지 말아요. 모두가 힘들잖아요. 기쁨의 그 날 위해 함께 한 친구들이 있잖아요. 혼자라고 느껴질 때면 주위를 둘러보세요. 이렇게 많은 이들 모두가 나의 친구랍니다.	선생님, 이제는 웃어요. 힘을 내세요! 교권침해 없는 우리 반 친구들이 있잖아요. 혼자라고 느껴질 때면 주위를 둘러보세요. 선생님 사랑하는 우리가 이렇게 응원합니다.
우리 가는 길이 결코 쉽진 않을 거예요. 때로는 모진 시련에 좌절도 하겠지만 우리의 친구들과 함께라면 두렵지 않아 우리 모두 함께 손을 잡고 원! 투! 원투! 쓰리포!	평화로운 학교 만들기 쉽진 않을 거예요. 때로는 모진 시련에 좌절도 하겠지만 우리의 친구들과 함께라면 두렵지 않아 우리 모두 함께 손을 잡고 공! 감! 존중! 화이팅!
얼굴 찌푸리지 말아요. 모두가 힘들잖아요. 기쁨의 그 날 위해 함께 한 친구들이 있잖아요. 혼자라고 느껴질 때면 주위를 둘러보세요. 이렇게 많은 이들 모두가 나의 친구랍니다.	선생님, 이제는 웃어요. 힘을 내세요! 교권침해 없는 우리 반 친구들이 있잖아요. 혼자라고 느껴질 때면 주위를 둘러보세요. 선생님 존경하는 우리가 이렇게 응원합니다.

교권침해 예방을 위한 캠페인송

모둠명: _____

\<원곡\>	\<바꿔 부르기\>
제목: _____	제목: _____

교권침해 없는 우리 반 십계명

1. _____

2. _____

3. _____

4. _____

5. _____

6. _____

7. _____

8. _____

9. _____

10. _____

교권보호 사행시 짓기

모둠명: _____

(교) _____

(권) _____

(보) _____

(호) _____

생각해보기

1. 선생님 역할을 하며 느낀 점은 무엇인가요?

2. 학생 역할을 하며 느낀 점은 무엇인가요?

3. 관찰하며 느낀 점은 무엇인가요?

4. 프로그램에 참여하며 좋았던 점은 무엇인가요?

5. 프로그램에 참여하며 아쉬웠던 점은 무엇인가요?

선생님께 쓰는 편지

사후 설문지

번호	질문 (최근 한 달 동안)	척도				
		전혀 아니다	아니다	보통	그렇다	매우 그렇다
1	교권침해가 무엇인지 알고 있다.					
2	교권침해가 일어나면 어떻게 되는지 알고 있다.					
3	선생님이 힘들다고 느낀 적 있다.					
4	우리 반은 수업 시간에 시끄럽다.					
5	우리 반에서 최근 한 달간 학교폭력은 없었다.					
6	친구의 마음을 공감할 수 있다.					
7	나는 우리 반에서 친구들에게 무시를 당한 적 있다.					
8	선생님이 지시할 때 거부하거나 모른 척 한 적 있다.					
9	수업 중 친구와 이야기를 나누는 것은 괜찮다고 생각한다.					
10	선생님이 잘 모르거나 어른답지 못하다는 생각이 들면 무시하는 마음이 든다.					

MEMO

MEMO